本書の特長と使い方

　本書は，ノートの穴うめで最重要ポイントを整理し，さらに確認問題に取り組むことで，中学理科の基礎を徹底的に固めて定期テストの得点アップを目指すための教材です。

　1単元2ページの構成です。

ここから解説動画が見られます。
くわしくは2ページへ

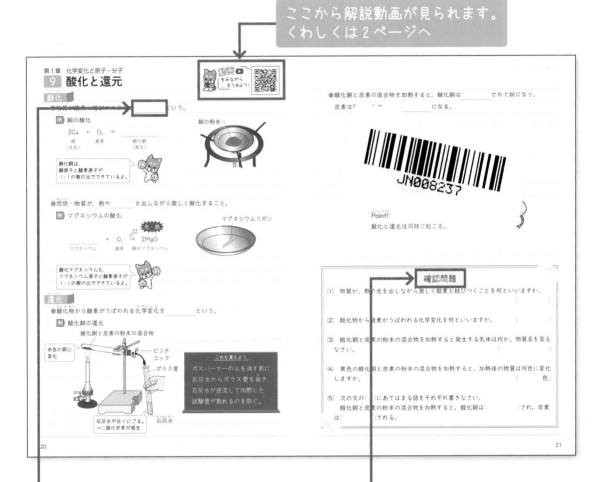

❶ まとめノート

授業を思い出しながら，＿＿に用語や数を書きこんでいきましょう。
思い出せないときは，
解説動画を再生してみましょう。

❷ 確認問題

ノートに整理したポイントが
身についたかどうかを
確認問題で確かめましょう。

登場する
キャラクター

数犬チャ太郎

かっぱ

使い方はカンタン！

ICTコンテンツを活用しよう！

本書には，QRコードを読み取るだけで見られる解説動画がついています。
「授業が思い出せなくて何を書きこめばよいかわからない…」そんなときは，
解説動画を見てみましょう。

▶ 解説動画を見よう

① 各ページのQRコードを読み取る

スマホでもタブレットでもOK！
PCからは下のURLからアクセスできるよ。
https://cds.chart.co.jp/books/z0gvdf0qto

② 動画を見る！

速度調節や
全画面表示も
できます

便利な使い方

ICTコンテンツが利用できるページをスマホなどのホーム画面に追加することで，毎回
QRコードを読みこまなくても起動できるようになります。くわしくはQRコードを読み
取り，左上のメニューバー「≡」▶「ヘルプ」▶「便利な使い方」をご覧ください。

目　次

1 物質を加熱したときの変化

動画 ▶ をみながら＿＿をうめよう！

熱分解

● ある物質が別の物質に変わる変化を ＿＿＿＿＿＿＿ という。

● 分解…１種類の物質が２種類以上の別の物質に分かれる化学変化。

　　　加熱したときに起こる分解を特に, ＿＿＿＿＿ という。

炭酸水素ナトリウムの熱分解

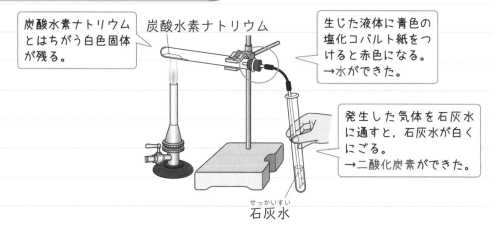

炭酸水素ナトリウムとはちがう白色固体が残る。

炭酸水素ナトリウム

生じた液体に青色の塩化コバルト紙をつけると赤色になる。
→水ができた。

発生した気体を石灰水に通すと, 石灰水が白くにごる。
→二酸化炭素ができた。

石灰水

memo

できた液体が加熱部分に流れないように, 試験管の口を少し下げる。

● 炭酸水素ナトリウムを加熱すると, ３種類の物質に分解する。

炭酸水素ナトリウム $\xrightarrow{\text{加熱}}$ ＿＿＿＿＿＿＿ ＋ 水 ＋ ＿＿＿＿＿

　白色の固体　　　　　　白色の固体　　　液体　　　　気体

● 炭酸水素ナトリウムと炭酸ナトリウムのちがい

	水へのとけやすさ	水溶液の性質
炭酸水素ナトリウム	少しとける	弱いアルカリ性
炭酸ナトリウム	よくとける	強いアルカリ性

アルカリ性の強さはフェノールフタレイン溶液で調べるよ。

フェノールフタレイン溶液に入れたとき,

うすい ＿＿＿ 色になる ➡ ＿＿＿＿＿ ナトリウム

濃い ＿＿＿ 色になる ➡ ＿＿＿＿＿ ナトリウム

酸化銀の熱分解

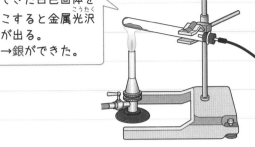

できた白色固体を
こすると金属光沢
が出る。
→銀ができた。

集めた気体に火のついた線香を入れると，
線香が炎を上げて燃える。
→酸素ができた。

水

●酸化銀を加熱すると，2種類の物質に分解する。

酸化銀 　$\xrightarrow{\text{加熱}}$ 　_____ ＋ _____

黒色の固体　　　白色の固体　　　気体

これも覚えよう

できた白色の固体(銀)は，電気を
よく通し，たたくとうすく広がる。

酸素は水にとけにくい
から水上置換法で集め
るんだね。

確認問題

(1) ある物質が別の物質に変わる変化を何といいますか。　〔　　　　　〕

(2) 1種類の物質が2種類以上の別の物質に分かれる(1)を何といいますか。
〔　　　　　〕

(3) 加熱したときに起こる(2)を特に何といいますか。　〔　　　　　〕

(4) 炭酸水素ナトリウムを加熱したときにできる物質は何か。炭酸ナトリウム以外
の物質名を2つ答えなさい。　〔　　　　　〕，〔　　　　　〕

(5) 酸化銀を加熱したときにできる物質は何か。物質名を2つ答えなさい。
〔　　　　　〕，〔　　　　　〕

2 水溶液に電流を流したときの変化

動画をみながら
をうめよう！

電気分解

● 電流を流すことで，物質を分解することを　　　　　　　　という。

・陽極…電源の＋極につないだ電極。

・　　　　　　…電源の－極につないだ電極。

水に電流を流すと
どうなるのかな？

水の電気分解

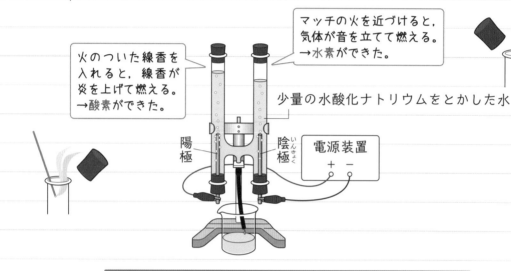

マッチの火を近づけると，
気体が音を立てて燃える。
→水素ができた。

火のついた線香を
入れると，線香が
炎を上げて燃える。
→酸素ができた。

少量の水酸化ナトリウムをとかした水

陽極　　陰極

電源装置
＋　－

これも覚えよう

水の電気分解では，電流を流れやすくするために，
水に少量の水酸化ナトリウムをとかす。

● 水に電流を流すと，水は2種類の物質に分解する。

水 ——電気分解——→ 　　　　　　＋　　　　　　
　　　　　　　　　　陰極側　　　　陽極側

水素や酸素は，
これ以上分解で
きない物質だよ。

● 発生する気体の体積の比は，水素：酸素＝　　　　　：

塩化銅の電気分解

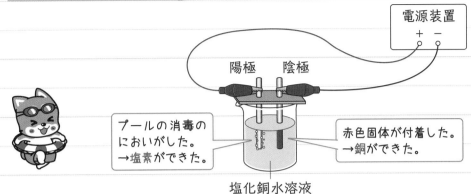

●塩化銅水溶液に電流を流すと，塩化銅は2種類の物質に分解する。

$$塩化銅 \xrightarrow{\text{電気分解}} \underset{\text{赤色の固体}}{\hspace{3em}} + \underset{\text{黄緑色の気体}}{\hspace{3em}}$$

memo 塩素の性質
・黄緑色の気体で，刺激臭がある。
・空気より重い。
・殺菌・漂白作用がある。

確認問題

(1) 電流を流すことで，物質を分解することを何といいますか。〔　　　　　〕

(2) 少量の水酸化ナトリウムをとかした水に電流を流したとき，陰極と陽極から発生した気体は何か。物質名をそれぞれ答えなさい。

陰極〔　　　　〕 陽極〔　　　　〕

(3) 塩化銅水溶液に電流を流したとき，陰極に付着した物質は何か。物質名を答えなさい。〔　　　　〕

(4) 塩化銅水溶液に電流を流したとき，陽極から発生した気体は何か。物質名を答えなさい。〔　　　　〕

3 原子

物質をつくっている最小の粒子

● 物質をつくっている最小の粒子を ＿＿＿＿＿ という。約 120 種類ある。

> **memo**
> 1803年に，ドルトンが「物質は原子からできている」
> という説を発表した。

原子の性質

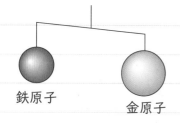

● 化学変化によって，

それ以上 ＿＿＿＿ できない。

鉄原子　　　　金原子

● 種類によって，

＿＿＿＿ や大きさが決まっている。

金原子の質量は，
鉄原子より大きいよ。

鉄原子　　　　　金原子

● 化学変化でなくなったり，

種類が変わったり，

新しくできたりしない。

鉄原子から金原子
をつくることはで
きないんだね。

原子の大きさ

●原子１個の大きさはとても小さい。

●最も小さい原子である _____ 原子は，直径が１cmの１億分の１くらいである。

銀原子と野球ボールの
大きさの比は，野球ボール
と地球の大きさの比とほぼ
同じだよ。

銀原子　　　:　　　野球ボール

||

野球ボール　　　:　　　地球

原子の質量

●原子１個の質量はとても小さい。

●原子の質量は，原子の _____ によって異なる。

> **memo**
> 水素原子が600,000,000,000,000,000,000,000個
> （6.0×10^{23}個）集まると１gになる。

確認問題

(1) 物質をつくっている最小の粒子を何といいますか。　〔　　　　　〕

(2) (1)の粒子は，化学変化によってそれ以上分割できますか。
　　　　　　　　　　　　　　　　　　　　　〔　　　　　〕

(3) (1)の粒子は，種類によって質量が決まっていますか。　〔　　　　　〕

(4) (1)の粒子は，化学変化によってほかの種類に変わりますか。
　　　　　　　　　　　　　　　　　　　　　〔　　　　　〕

(5) (1)の粒子は，化学変化によって新しくできますか。　〔　　　　　〕

4 分子

動画 ▶
をみながら
をうめよう!

原子が結びついてできる粒子

●原子がいくつか結びついてできた粒子を　　　　　という。

Point!

分子は，物質の性質を示す最小の粒子である。

単体と化合物

●1種類の元素だけでできている物質を　　　　　という。

 水素，酸素，炭素，鉄など

水素　　　　　酸素

水素原子　　　酸素原子

1個の水素分子は2個の水素原子から，

1個の酸素分子は2個の酸素原子からできている。

●化合物…　　　　種類以上の元素でできている物質。

 水，二酸化炭素，酸化銅，塩化銅など

水　　　　　　二酸化炭素
酸素原子　　　炭素原子

水素原子　　　酸素原子

1個の水分子は2個の水素原子と1個の酸素原子から，

1個の二酸化炭素分子は2個の酸素原子と1個の炭素原子から

できている。

分子をつくる物質と分子をつくらない物質

- ●物質には，分子をつくるものと分子をつくらないものがある。
- ●分子をつくらない<u>単体</u>は，　　　種類の原子がたくさん集まって
物質をつくっている。

分子をつくる単体	分子をつくらない単体
水素，酸素，塩素， 窒素など	鉄，マグネシウム， 炭素など

鉄原子

鉄

- ●分子をつくらない<u>化合物</u>のうち，塩化ナトリウムは，

　　　　　原子と　　　　　原子が，

1：1の数の比で集まってできている。

分子をつくる化合物	分子をつくらない化合物
水，二酸化炭素， 塩化水素など	酸化銅，塩化銅， 塩化ナトリウムなど

ナトリウム原子
塩素原子

塩化ナトリウム

確認問題

(1) 原子がいくつか結びついてできた粒子を何といいますか。　〔　　　　　〕

(2) 1種類の元素だけでできている物質を何といいますか。　〔　　　　　〕

(3) 2種類以上の元素でできている物質を何といいますか。　〔　　　　　〕

(4) 次の文の〔　〕にあてはまる語を書きなさい。

　　1個の水素分子は，2個の〔　　　　　　　〕が結びついてできている。

(5) 次の文の〔　〕にあてはまる語をそれぞれ書きなさい。

　　1個の水分子は，2個の〔　　　　　　〕と1個の〔　　　　　　〕が結びつ
いてできている。

5 元素記号

元素と元素記号

●物質を構成する原子の種類を　　　　　という。

●元素を表す記号を　　　　　という。約120種類ある。

Point!

元素記号はアルファベット1文字か2文字で表す。

水素

H

読み方「エイチ」

鉄

Fe

読み方「エフ・イー」

元素	元素記号	元素	元素記号
水素		ナトリウム	
炭素	C	マグネシウム	Mg
窒素	N	鉄	
酸素		銅	Cu
硫黄	S	亜鉛	Zn
塩素	Cl	銀	Ag

非金属の元素　　　　　金属の元素

例 酸素の元素記号とその読み方

　　　　記号　…

　　　　読み方…「オウ」

例 ナトリウムの元素記号とその読み方

　　　　記号　…

　　　　読み方…「エヌ・エー」

元素の周期表

●元素を整理して並べた表を _____ という。

原子番号の順に元素が並べられている。

族 周期	1	2	3	4	5	6	7	8	9	10	11	12	13	14	15	16	17	18
1	H																	He
2	Li	Be											B	C	N	O	F	Ne
3	Na	Mg											Al	Si	P	S	Cl	Ar
4	K	Ca	Sc	Ti	V	Cr	Mn	Fe	Co	Ni	Cu	Zn	Ga	Ge	As	Se	Br	Kr
...	...	...																

memo
周期表は1869年にロシアのメンデレーエフ
が発表した。

確認問題

(1) 物質を構成する原子の種類を何といいますか。 〔   〕

(2) (1)を整理して並べた表を何といいますか。 〔   〕

(3) 1869 年に，(2)を発表したロシアの科学者の名前を答えなさい。
〔   〕

(4) 次の元素の元素記号をそれぞれ答えなさい。
① 炭素〔   〕 ② 窒素〔   〕
③ 硫黄〔   〕 ④ マグネシウム〔   〕

(5) 次の元素記号が表す元素の名前をそれぞれ答えなさい。
① Cl〔   〕 ② Zn〔   〕
③ Cu〔   〕 ④ Ag〔   〕

6 化学式

動画をみながら　をうめよう!

化学式の表し方

●物質を元素記号と数字を使って表したものを　　　　　　　という。

すべての物質は化学式で表すことができる。

●分子をつくる物質の表し方

・水素

水素原子 → H_2

> 水素原子の数を右下に小さく書く。

・水

酸素原子

水素原子

→ HOH → H_2O

> 1個の場合の1は省略する。

●分子をつくらない物質の表し方

・銀

Ag

単体という。

銀のように、1種類の元素の原子がたくさん集まってできている物質の化学式は、その元素記号で表す。

・塩化ナトリウム

NaCl

塩化ナトリウムは、ナトリウム原子と塩素原子が1：1の数の比でできているので、NaCl と表す。

例 酸素分子を表す化学式…

例 酸化銀を表す化学式…

> 酸化銀は、銀原子と酸素原子が2：1の数の比でできているよ。

さまざまな化学式

物質名	化学式	物質名	化学式
水素	H_2	酸素	O_2
水	H_2O	二酸化炭素	_____
アンモニア	NH_3	窒素	N_2
鉄	_____	銀	Ag
塩化ナトリウム	$NaCl$	銅	Cu
塩化銅	$CuCl_2$	酸化銀	_____
酸化銅	_____	水酸化ナトリウム	_____

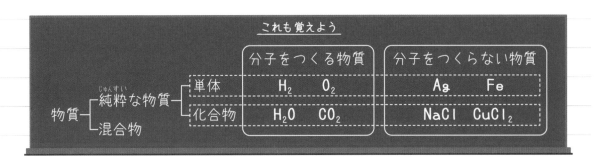

これも覚えよう

	分子をつくる物質		分子をつくらない物質	
単体	H_2	O_2	Ag	Fe
化合物	H_2O	CO_2	$NaCl$	$CuCl_2$

物質 ─ 純粋な物質 ─ 単体 / 化合物
　　　─ 混合物

確認問題

(1)　物質を元素記号と数字を使って表したものを何といいますか。

〔　　　　　　〕

(2)　次の文の〔　〕にあてはまる数をそれぞれ書きなさい。

　　1個のアンモニア分子は,〔　　　　〕個の窒素原子と〔　　　　〕個の水素原子が結びついてできている。

(3)　次の物質を表す化学式をそれぞれ答えなさい。

① 水素　　　　〔　　　　〕　　② 窒素　　　　〔　　　　〕
③ 二酸化炭素　〔　　　　〕　　④ 鉄　　　　　〔　　　　〕
⑤ 銅　　　　　〔　　　　〕　　⑥ 塩化銅　　　〔　　　　〕
⑦ 酸化銅　　　〔　　　　〕　　⑧ 水酸化ナトリウム〔　　　　〕

7 化学反応式

化学反応式

●化学反応式… ＿＿＿＿＿＿ を使って化学変化のようすを表した式。

- - - 元素記号と数字を使って表す。

●化学反応式のつくり方（水の電気分解）

① 「反応前のすべての物質 → 反応後のすべての物質」と表す。

水 ⟶ 水素 酸素

② それぞれの物質を化学式で表し，複数ある場合は「＋」でつなぐ。

$$H_2O \longrightarrow H_2 + O_2$$

③ 矢印の左右で酸素原子 O の数を等しくするために，

左側に水分子 H_2O を1個追加する。

$$\begin{array}{c} H_2O \\ H_2O \end{array} \longrightarrow H_2 + O_2$$

④ 矢印の左右で水素原子 H の数を等しくするために，

右側に水素分子 H_2 を1個追加する。

$$\begin{array}{c} H_2O \\ H_2O \end{array} \longrightarrow \begin{array}{c} H_2 \\ H_2 \end{array} + O_2$$

⑤ 同じ化学式で表されるものが複数あるときは，

その数を化学式の前につけてまとめる。

> これで，
> 水の電気分解の化学反応式をつくれたね。

$$2H_2O \longrightarrow 2H_2 + O_2$$

> 分子の数を化学式の左に書く。

> 1個の場合の1は省略する。

例 酸化銀の熱分解を表す化学反応式

① 「反応前のすべての物質 → 反応後のすべての物質」と表す。

$$\text{酸化銀} \quad \longrightarrow \quad \underline{\hspace{3cm}} \quad \text{酸素}$$

② それぞれの物質を化学式で表し，複数ある場合は「＋」でつなぐ。

$$\underline{\hspace{3cm}} \quad \longrightarrow \quad Ag \quad + \quad \underline{\hspace{2cm}}$$

③ 矢印の左右で酸素原子 O の数を等しくするために，

左側に酸化銀の化学式 Ag_2O を 1 個追加する。

$$\underline{Ag_2O} \quad \longrightarrow \quad Ag \quad + \quad O_2$$

④ 矢印の左右で銀原子 Ag の数を等しくするために，

右側に銀原子 Ag を 3 個追加する。

$$\begin{array}{l} Ag_2O \\ Ag_2O \end{array} \quad \longrightarrow \quad \underline{Ag} \quad + \quad O_2$$

⑤ 同じ化学式で表されるものが複数あるときは，

その数を化学式の前につけてまとめる。

$$\underline{\hspace{1.5cm}}Ag_2O \quad \longrightarrow \quad \underline{\hspace{1.5cm}}Ag \quad + \quad O_2$$

確認問題

(1) 次の〔　〕にあてはまる化学式を書いて，塩化銅水溶液の電気分解を表す化学反応式を完成させなさい。

$$CuCl_2 \quad \rightarrow \quad Cu + \left[\right]$$

(2) 次の〔　〕にあてはまる数や化学式を書いて，炭酸水素ナトリウムの熱分解を表す化学反応式を完成させなさい。

$$\left[\right]NaHCO_3 \quad \rightarrow \quad Na_2CO_3 + CO_2 + \left[\right]$$

8 物質どうしが結びつく変化

動画
をみながら
をうめよう！

鉄と硫黄が結びつく反応

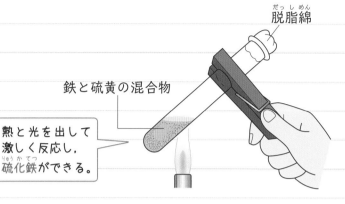

脱脂綿

鉄と硫黄の混合物

熱と光を出して
激しく反応し，
硫化鉄ができる。

いったん反応が始まると，
加熱をやめても反応に
よる熱で反応が続くよ。

鉄　　＋　　硫黄　　→　　　硫化鉄

Fe　　＋　　S　　→

memo
硫化鉄は，鉄原子と硫黄原子が１：１の数の比でできている。

● **加熱前と加熱後の物質の性質のちがい**

	磁石を近づける	塩酸を加える
加熱前の物質 （鉄と硫黄の混合物）	鉄が磁石につく	においのない気体 （水素）が発生
加熱後の物質 （硫化鉄）	磁石につかない	においのある気体 （硫化水素）が発生

・加熱前の物質は磁石に　　　　　　　。

　加熱前の物質にうすい塩酸を加えると，においの　　　　　気体が発生する。

・加熱後の物質は磁石に　　　　　　　。

　加熱後の物質にうすい塩酸を加えると，においの　　　　　気体が発生する。

　➡ 加熱前の物質とは性質の異なる物質（硫化鉄）ができた。

銅と硫黄が結びつく反応

硫黄の蒸気の中に銅線を入れると，＿＿＿＿＿＿＿＿ができる。

銅	+	硫黄	→	硫化銅
＿＿＿	+	S	→	＿＿＿＿

> 硫化銅は，
> 銅原子と硫黄原子が 1：1 の
> 数の比で結びついているよ。

水素と酸素が結びつく反応

水素と酸素の混合気体に火をつけると，＿＿＿＿＿ができる。

水素	+	酸素	→	水
＿＿＿	+	O$_2$	→	＿＿＿

> 水素と酸素の反応は，
> 爆発的に起こるよ。

これも覚えよう

水ができたことの確認
できた液体に青色の塩化コバルト紙をつける
→赤色になる

確認問題

(1) 鉄と硫黄の混合物を加熱するとできる物質は何か。物質名を答えなさい。

〔　　　　　　　　〕

(2) (1)の物質は磁石につきますか，つきませんか。　〔　　　　　　　〕

(3) 加熱前の物質（鉄と硫黄の混合物），(1)の物質にうすい塩酸を加えるとどうなる
か。次からそれぞれ選びなさい。
ア　においのある気体が発生する。
イ　においのない気体が発生する。

加熱前の物質〔　　　　〕(1)の物質〔　　　　〕

(4) 水素と酸素が結びつく化学変化を表す化学反応式を書きなさい。

〔　　　　　+　　　　　→　　　　　〕

19

9 酸化と還元

動画 ▶ をみながら＿＿をうめよう！

酸化

●物質が酸素と結びつくことを ＿＿＿＿＿＿ という。

例 銅の酸化

銅の粉末

$$2Cu + O_2 \rightarrow$$

銅　　　　酸素　　　　　　酸化銅
(赤色)　　　　　　　　　　(黒色)

酸化銅は，
銅原子と酸素原子が
1：1の数の比でできているよ。

●燃焼…物質が，熱や ＿＿＿＿＿ を出しながら激しく酸化すること。

例 マグネシウムの酸化

マグネシウムリボン

光・熱

$$+ O_2 \rightarrow 2MgO$$

マグネシウム　　　酸素　酸化マグネシウム

酸化マグネシウムも，
マグネシウム原子と酸素原子が
1：1の数の比でできているよ。

還元

●酸化物から酸素がうばわれる化学変化を ＿＿＿＿＿＿ という。

例 酸化銅の還元

酸化銅と炭素の粉末の混合物

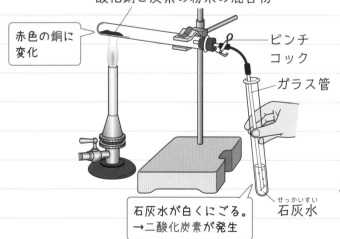

赤色の銅に
変化

ピンチ
コック

ガラス管

石灰水が白くにごる。
→二酸化炭素が発生

石灰水

これも覚えよう

ガスバーナーの火を消す前に
石灰水からガラス管を抜き，
石灰水が逆流して加熱した
試験管が割れるのを防ぐ。

●酸化銅と炭素の混合物を加熱すると，酸化銅は ＿＿＿＿＿＿ されて銅になり，炭素は酸化されて ＿＿＿＿＿＿＿＿ になる。

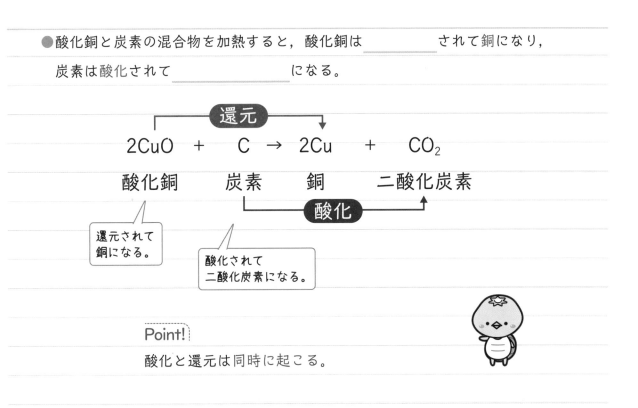

還元

$$2CuO + C \rightarrow 2Cu + CO_2$$

酸化銅　　　炭素　　銅　　二酸化炭素

酸化

還元されて
銅になる。

酸化されて
二酸化炭素になる。

Point!
酸化と還元は同時に起こる。

確認問題

(1) 物質が，熱や光を出しながら激しく酸素と結びつくことを何といいますか。

〔　　　　　〕

(2) 酸化物から酸素がうばわれる化学変化を何といいますか。　〔　　　　　〕

(3) 酸化銅と炭素の粉末の混合物を加熱すると発生する気体は何か。物質名を答えなさい。　〔　　　　　〕

(4) 黒色の酸化銅と炭素の粉末の混合物を加熱すると，加熱後の物質は何色に変化しますか。　〔　　　色〕

(5) 次の文の〔　〕にあてはまる語をそれぞれ書きなさい。
　　酸化銅と炭素の粉末の混合物を加熱すると，酸化銅は〔　　　　　〕され，炭素は〔　　　　　〕される。

10 化学変化と熱の出入り

発熱反応

●熱を放出し，まわりの温度を上げる化学変化を　　　　　　　という。

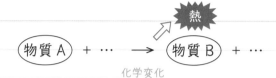

物質A　＋　…　　→　　物質B　＋　…
化学変化

・**鉄の酸化**

鉄粉，活性炭，食塩水を混ぜると，鉄が空気中の　　　　　　　と反応して熱を放出する。

➡　まわりの温度が　　　　　　　　　。

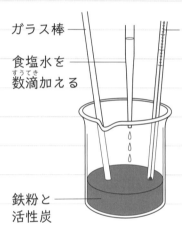

ガラス棒
温度計
食塩水を数滴加える
鉄粉と活性炭

鉄　＋　酸素　→　酸化鉄

この反応が化学かいろに利用されているよ。

・**そのほかの発熱反応の例**

マグネシウムの燃焼　　$2Mg$　＋　O_2　→

有機物の燃焼　　　　CH_4　＋　$2O_2$　→　CO_2　＋　$2H_2O$
　　　　　　　　　　　メタン

鉄と硫黄の反応　　　Fe　＋　S　→

吸熱反応

●周囲の熱を吸収し，まわりの温度を下げる化学変化を　　　　　　　という。

物質C　＋　…　→　物質D　＋　…
化学変化

・水酸化バリウムと塩化アンモニウムの反応

水酸化バリウムと塩化アンモニウムが反応するときに，周囲の熱を吸収する。

➡ まわりの温度が　　　　　　　　　。

ガラス棒

水でぬらしたろ紙

塩化アンモニウム
と水酸化バリウム

熱

水でぬらしたろ紙をビーカーに
かぶせるのは，発生するアンモ
ニアを吸着させるためだよ。

水酸化バリウム ＋ 塩化アンモニウム → 塩化バリウム ＋ アンモニア ＋ 水

・そのほかの吸熱反応の例

炭酸水素ナトリウムとクエン酸の反応

確認問題

(1) 熱を放出し，まわりの温度を上げる化学変化を何といいますか。

〔　　　　　　　　　〕

(2) 次の文の〔　〕にあてはまる語をそれぞれ書きなさい。
　　鉄粉，活性炭，食塩水を混ぜると，鉄が空気中の酸素と反応するときに熱を
〔　　　　　　〕し，温度が〔　　　　　　　〕。

(3) 周囲の熱を吸収し，まわりの温度を下げる化学変化を何といいますか。

〔　　　　　　　　　〕

(4) 次の文の〔　〕にあてはまる語をそれぞれ書きなさい。
　　水酸化バリウムと塩化アンモニウムが反応するとき，熱を〔　　　　　　〕し，温
度が〔　　　　　　　〕。

11 化学変化と質量保存の法則

動画をみながら＿＿をうめよう！

質量保存の法則

●化学変化の前後で，物質全体の質量は変わらないことを

＿＿＿＿＿＿という。

> **memo**
> 質量保存の法則は，化学変化（かがくへんか）だけでなく，
> 状態変化などのすべての物質の変化で成り立つ。

●**気体が発生する反応**

密閉容器内で，炭酸水素ナトリウムにうすい塩酸を加えると，

塩化ナトリウムと＿＿＿＿＿＿＿＿＿と水ができる化学変化が起こる。

$NaHCO_3$	+	HCl	→	$NaCl$	+	CO_2	+	H_2O
炭酸水素ナトリウム		塩酸		塩化ナトリウム		二酸化炭素		水

化学変化の前後で物質全体の質量は＿＿＿＿＿＿＿＿が，

容器のふたをゆるめると，二酸化炭素が逃げて，質量が小さくなる。

ふた
プラスチックの容器
うすい塩酸
炭酸水素ナトリウム

二酸化炭素が発生。
→容器のふたをゆるめると，二酸化炭素が容器の外に逃げて，質量が小さくなる。

反応前　　　反応後

反応の前後で，質量は変わらない。

気体が発生する反応も，密閉容器内で行えば，反応の前後で質量は変わらないんだね。

●沈殿ができる反応

うすい塩化バリウム水溶液にうすい硫酸を加えると，

_____ の白い沈殿ができる化学変化が起こる。

その化学変化の前後で物質全体の質量は _____ 。

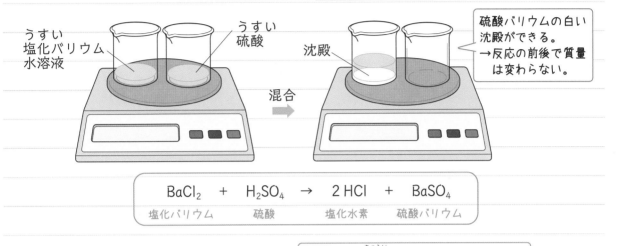

うすい
塩化バリウム
水溶液

うすい
硫酸

混合

沈殿

硫酸バリウムの白い
沈殿ができる。
→反応の前後で質量
は変わらない。

$$BaCl_2 \;+\; H_2SO_4 \;\rightarrow\; 2\,HCl \;+\; BaSO_4$$
塩化バリウム　　　硫酸　　　塩化水素　　硫酸バリウム

レントゲン撮影のときに飲むバリウムは，
硫酸バリウムのことなんだよ。

確認問題

(1) 化学変化の前後で，物質全体の質量は変わらないことを何の法則といいますか。

〔　　　　　　　　　　　の法則〕

(2) 次の文の〔　〕にあてはまる語をそれぞれ書きなさい。
　　密閉容器内で，炭酸水素ナトリウムにうすい塩酸を加えると，気体の

〔　　　　　　　　　　〕が発生するが，その化学変化の前後で物質全体の質量は

〔　　　　　　　　〕。

(3) 次の文の〔　〕にあてはまる語をそれぞれ書きなさい。
　　うすい塩化バリウム水溶液にうすい硫酸を加えると，〔　　　　　　　　　〕

の白い沈殿ができるが，その化学変化の前後で物質全体の質量は

〔　　　　　　　　〕。

12 化学変化と質量の割合

化学変化と質量の割合

●化学変化において，反応する物質の質量の割合はつねに一定である。

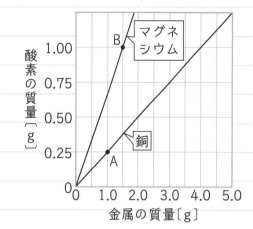

金属の質量〔g〕

グラフは原点を通る直線
→比例の関係になる！

●銅と酸素の反応

$$2Cu \quad + \quad O_2 \quad \rightarrow \quad 2CuO$$

----縦軸の目盛りを読みとる。

グラフのA点より，銅 1.0 g と結びつく酸素は 　　　　　 g

➡ 銅：酸素 = 1.0：0.25 = 　　　：　　　 の比で結びつく。

銅 4.0 g と結びつく酸素は 　　　　 g で，

このときできる酸化銅は 　　　　 g である。

---- 4.0＋1.0

●マグネシウムと酸素の反応

$$2Mg \quad + \quad O_2 \quad \rightarrow \quad 2MgO$$

グラフのB点より，マグネシウム 1.5 g と結びつく酸素は 　　　　　 g

➡ マグネシウム：酸素 = 1.5：1.0 = 　　　：　　　 の比で結びつく。

マグネシウム 3.0 g と結びつく酸素は 　　　　 g で，

このときできる酸化マグネシウムは 　　　　 g である。

memo

どちらかの物質が多くある場合は，多いほうの物質が残る。

例 マグネシウムを空気中で十分に加熱して完全に酸化させたときの，
　　マグネシウムの質量と酸化物の質量の関係

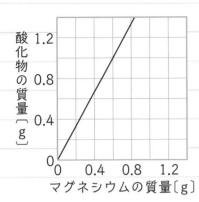

マグネシウム 0.6 g を酸化させると，

　　　　g の酸化マグネシウムができ，

　　〔g〕－ 0.6〔g〕= 0.4〔g〕

より，0.4 g の酸素が結びついたことがわかる。

マグネシウムの質量と結びつく酸素の質量の比を最も簡単な整数で表すと，

マグネシウム：酸素 = 0.6：0.4 = 　　　　：

確認問題

(1)　右のグラフより，銅 0.8 g が完全に酸化す
　ると，何 g の酸化銅ができますか。

　　　　　　　　　　　〔　　　　　g〕

(2)　銅 0.8 g と結びつく酸素の質量は何 g です
　か。

　　　　　　　　　　　〔　　　　　g〕

(3)　銅の質量と結びつく酸素の質量の比を，最
　も簡単な整数の比で書きなさい。

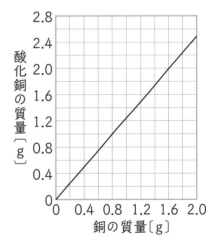

銅：酸素 =〔　　　：　　　〕

(4)　銅 1.2 g と結びつく酸素の質量は何 g ですか。(3)の比を使って求めなさい。

　　　　　　　　　　　　　　　　　　　　〔　　　　　g〕

1 生物と細胞・細胞のはたらき

生物の体と細胞

● 多くの植物や動物の体は，＿＿＿＿＿＿という小さな部屋のようなものが

集まってできている。

● 単細胞生物…体が＿＿＿＿個の細胞だけでできている生物。

　例 ゾウリムシ，ミカヅキモ，アメーバ

● ＿＿＿＿＿＿＿…体が多くの細胞でできている生物。

　例 ヒト，ホウセンカ，ミジンコ

● 形やはたらきが同じ細胞が集まって＿＿＿＿＿＿をつくり，

それらが集まって特定のはたらきをする＿＿＿＿＿になる。

さらにそれらが集まって1つの＿＿＿＿＿になる。

細胞のつくり

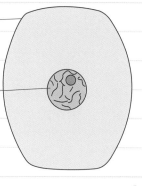

植物の細胞　　共通のつくり　　動物の細胞

細胞壁
植物の体を
支えている。

細胞膜
細胞質のいち
ばん外側にあ
るうすい膜。

液胞
細胞の活動で
生じた物質が
入っている。

核
染色液によく
染まる。

葉緑体
光合成が
行われる。

核を染める染色液には，酢酸カーミン溶液や
酢酸オルセイン溶液があるよ。

● 核と＿＿＿＿＿＿は，動物の細胞と植物の細胞に共通するつくりである。

● 植物の細胞には，動物の細胞では見られないつくりがある。

　・細胞壁…植物の体を支えている。

　・＿＿＿＿＿…成長した細胞で見られ，細胞の活動で生じた物質が入っている。

　・＿＿＿＿＿…緑色の粒。栄養分をつくり出す。

● 核と細胞壁以外の部分を＿＿＿＿＿という。

細胞のはたらき

酸素 + 栄養分 　　　二酸化炭素 + 水

エネルギー

1つの細胞

● 細胞呼吸（さいぼう こきゅう）

…細胞内で，＿＿＿＿＿＿を使って栄養分を分

解し，エネルギーを取り出すはたらきのこと。

分解後に，＿＿＿＿＿＿＿と水ができる。

memo
植物は光を受けて栄養分をつくり
出しているが，動物はほかの生物
を食べて栄養分を得ている。

植物も動物も，
1つ1つの細胞が，
細胞呼吸をしている
んだね。

確認問題

(1) 細胞のつくりで，ふつう細胞に1個あり，酢酸カーミン溶液などの染色液でよ
く染まるつくりを何といいますか。

〔　　　　　　　〕

(2) 植物の細胞に見られる緑色の粒で，栄養分をつくり出すはたらきをするつくり
を何といいますか。

〔　　　　　　　〕

(3) 細胞内で，酸素を使って栄養分を分解し，エネルギーを取り出すはたらきのこ
とを何といいますか。

〔　　　　　　　〕

(4) (3)のはたらきをするときに発生する物質の物質名を2つ答えなさい。

〔　　　　　〕，〔　　　　　〕

2 植物の体のつくりとはたらき

光合成と呼吸

●植物が光を受けて，＿＿＿＿＿と＿＿＿＿＿＿＿＿から，デンプンなどの

栄養分をつくるはたらきを＿＿＿＿＿という。このとき＿＿＿＿もできる。

●光合成は細胞の中にある＿＿＿＿＿で行われる。

植物も，動物と同じように呼吸を行っている。

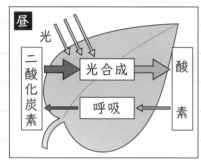
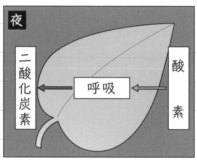

昼…光合成と呼吸を行うが，呼吸より＿＿＿＿＿のほうがさかんに行われる。

夜…呼吸のみを行う。

茎のつくり

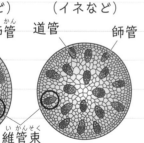

双子葉類
（アブラナなど）
道管　師管

単子葉類
（イネなど）
道管　師管

維管束

●根から吸い上げられた水や

水にとけた養分が通る管を＿＿＿＿＿という。

●葉でつくられた栄養分が通る管を

＿＿＿＿＿という。

●道管と師管が集まって，

束のようになった部分を＿＿＿＿＿という。

Point!

双子葉類…茎の維管束は輪のように並ぶ。

単子葉類…茎の維管束は，茎の断面全体に散らばっている。

葉のつくり

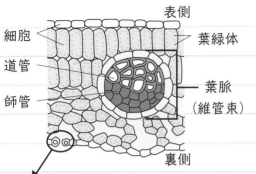

細胞
道管
師管

表側
葉緑体
葉脈
（維管束）
裏側

気孔
孔辺細胞

● 維管束は茎だけでなく葉にも通っていて，

　　　　　　　　とよばれる。

● 葉の表皮にある，２つの三日月形の孔辺細胞(こうへん)

　に囲まれたすきまを　　　　　　という。

　気孔は水蒸気の出口，二酸化炭素と酸素の

　出入り口である。

memo

気孔はふつう，葉の裏側に多い。

● 蒸散(じょうさん)…葉に運ばれた水が，　　　　　　となって

　空気中に出ていく現象。

　おもに葉にある　　　　　　で行われる。

蒸散は，葉の裏側だけ
ではなく，葉の表側や
茎でも行われるよ。

確認問題

(1)　植物が光を受けて，デンプンなどの栄養分をつくるはたらきを何といいますか。

〔　　　　　　　　　　〕

(2)　根から吸い上げられた水や水にとけた養分が通る管を何といいますか。

〔　　　　　　　　　　〕

(3)　(2)と栄養分が通る管が集まって，束のようになった部分を何といいますか。

〔　　　　　　　　　　〕

(4)　葉に運ばれた水が，水蒸気となって空気中に出ていく現象を何といいますか。

〔　　　　　　　　　　〕

3 栄養分をとり入れるしくみ

動画をみながら＿＿＿＿をうめよう！

消化のしくみ

●炭水化物，タンパク質，脂肪などの栄養分を分解して，

吸収されやすい状態に変えることを＿＿＿＿という。

<ヒトの消化器官>

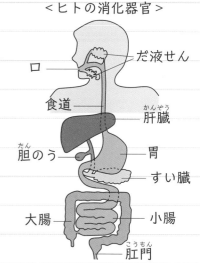

口 ── だ液せん
食道
肝臓
胆のう
胃
すい臓
大腸 ── 小腸
肛門

これも覚えよう

口から始まって，食道，胃，小腸，
大腸とつながり，肛門まで続く管を
消化管という。

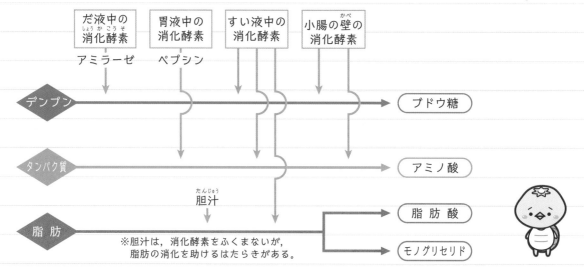

だ液中の消化酵素　アミラーゼ
胃液中の消化酵素　ペプシン
すい液中の消化酵素
小腸の壁の消化酵素

デンプン → ブドウ糖

タンパク質 → アミノ酸

胆汁

脂肪 → 脂肪酸
モノグリセリド

※胆汁は，消化酵素をふくまないが，
脂肪の消化を助けるはたらきがある。

●**デンプンの消化**…だ液中の消化酵素である＿＿＿＿や，

すい液中の消化酵素，小腸の壁の消化酵素のはたらきによって，

最終的に＿＿＿＿に分解される。

●**タンパク質の消化**…胃液中の消化酵素である＿＿＿＿や，

すい液中の消化酵素であるトリプシンのはたらきによって，

最終的に＿＿＿＿に分解される。

●**脂肪の消化**…＿＿＿＿のはたらきで水に混ざりやすい状態になり，

すい液中の消化酵素である＿＿＿＿のはたらきによって，

最終的に脂肪酸と＿＿＿＿に分解される。

栄養分を吸収するしくみ

●小腸の壁にはたくさんのひだがある。

消化された栄養分は，小腸のひだの表面にたくさんある　　　　　　　で吸収される。

柔毛
毛細血管
リンパ管

＜小腸のつくり＞

小腸
ひだ

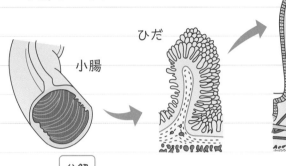

分解

デンプン　──→　ブドウ糖 ─────┐
　　　　　　　　　　　　　　　　　├──→　毛細血管　→　肝臓へ
タンパク質　→　アミノ酸 ─────┘

脂肪　──────→　脂肪酸とモノグリセリド　──→　リンパ管　→　血管へ

ふたたび脂肪になる。

Point!

小腸にひだや柔毛があることで，表面積が大きくなり，

効率よく栄養分を吸収できる。

確認問題

(1)　だ液中にふくまれ，デンプンにはたらく消化酵素を何といいますか。

〔　　　　　　　　　〕

(2)　小腸のひだの表面にたくさんある小さな突起を何といいますか。

〔　　　　　　　　　〕

(3)　脂肪酸とモノグリセリドが(2)で吸収された後，ふたたび脂肪になって入る管を
　　何といいますか。

〔　　　　　　　　　〕

4 酸素をとり入れるしくみ

肺のつくり

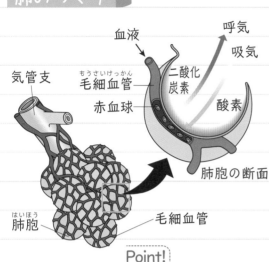

血液
呼気
吸気
二酸化炭素
酸素
気管支
もうさいけっかん
毛細血管
赤血球
肺胞の断面
はいほう
肺胞
毛細血管

● 肺は，細かく枝分かれした気管支と，その先につながる多数の＿＿＿＿＿＿からなっている。

● 肺胞で，空気中から＿＿＿＿＿＿が血液の中にとり入れられ，＿＿＿＿＿＿が血液から出される。

Point!

たくさんの肺胞があることで，空気にふれる表面積が大きくなり，効率よく気体の交換（こうかん）を行うことができる。

血液の成分

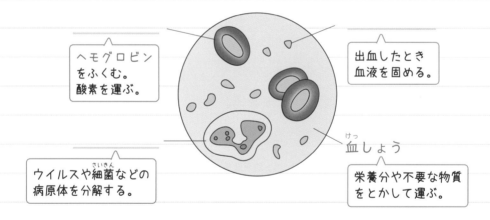

ヘモグロビンをふくむ。酸素を運ぶ。

出血したとき血液を固める。

ウイルスや細菌（さいきん）などの病原体を分解する。

血（けっ）しょう

栄養分や不要な物質をとかして運ぶ。

血しょうの一部は毛細血管の壁（かべ）からしみ出して，細胞（さいぼう）のまわりを満たしている。この液を組織液（そしきえき）という。

組織液は毛細血管と細胞の間で物質のやりとりのなかだちをする。

> **これも覚えよう**
> 赤血球は円盤の形をしているが，
> 白血球はいろいろな形をしている。

赤血球が酸素を運ぶしくみ

● 赤血球にふくまれる ＿＿＿＿＿＿＿＿＿ には，

酸素の多いところでは酸素と結びつき，

酸素の少ないところでは酸素をはなす性質がある。

➡ この性質により，赤血球は酸素を運ぶことができる。

> **memo**
> ヘモグロビンは，酸素と結びつくとあざやかな赤色になる。

> 血液が赤色に見えるのは，赤血球にヘモグロビンがふくまれるからなんだ。

確認問題

(1) 肺のつくりで，気管支の先につながっている多数の袋状（ふくろ）のものを何といいますか。

〔　　　　　　　　〕

(2) 次の文の〔　〕にあてはまる語をそれぞれ書きなさい。

(1)で空気中から〔　　　　　　〕が血液中にとり入れられ，〔　　　　　　　　〕が血液から出される。

(3) 血液の液体成分で，栄養分や不要な物質をとかして運ぶはたらきをもつ成分を何といいますか。

〔　　　　　　　　〕

(4) 血液の成分で，酸素を運ぶはたらきをもつ成分を何といいますか。

〔　　　　　　　　〕

(5) (4)の成分にふくまれ，酸素の多いところでは酸素と結びつき，酸素の少ないところでは酸素をはなす性質をもつ物質を何といいますか。

〔　　　　　　　　〕

5 物質を運ぶしくみ

動画をみながら____をうめよう！

血液の循環

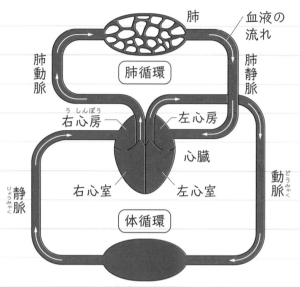

肺

血液の流れ

肺循環

肺動脈

肺静脈

動脈血（どうみゃくけつ）
（酸素を多くふくむ血液）

静脈血（じょうみゃくけつ）
（二酸化炭素を多くふくむ血液）

右心房（うしんぼう）

左心房

心臓

右心室

左心室

動脈（どうみゃく）

静脈（じょうみゃく）

体循環

全身の細胞

自分の体の右にあるのが右心房と右心室だね。

- _____…心臓から送り出された血液が肺を通り，

  ふたたび心臓にもどる血液の経路。

  右心室→_____→肺→_____→左心房（さしんぼう）

●体循環（たいじゅんかん）…心臓から送り出された血液が全身をめぐり，

  ふたたび心臓にもどる血液の経路。

  _____→動脈→全身の細胞→静脈→_____

Point!

全身の細胞では，血液により運ばれてきた酸素や

栄養分を使ってエネルギーをとり出している。

そのとき，二酸化炭素と水が発生する。

細胞呼吸（さいぼうこきゅう）だったね。

動脈と静脈

●心臓から送り出された血液が流れる血管を_____という。

●心臓にもどる血液が流れる血管を_____という。

memo

静脈の壁（かべ）はうすく，ところどころに弁がある。

動脈血と静脈血

● 酸素を多くふくむ血液を _____ という。

● 二酸化炭素を多くふくむ血液を _____ という。

Point!

肺動脈には静脈血が流れ，肺静脈には動脈血が流れる。

排出のしくみ

● 細胞の活動では，二酸化炭素と水以外に，

有害なアンモニアができる。

● アンモニアは肝臓で無害な尿素に変えられ，

腎臓へ運ばれて，尿中に排出される。

不要な物質を体外へ
出すはたらきを排出
というよ。

確認問題

(1) 心臓から送り出された血液が肺を通り，ふたたび心臓にもどる血液の経路を何
といいますか。　　　　　　　　　　　　　　　　　　〔　　　　　　　〕

(2) 心臓から送り出された血液が全身をめぐり，ふたたび心臓にもどる血液の経路
を何といいますか。　　　　　　　　　　　　　　　　〔　　　　　　　〕

(3) 心臓から送り出された血液が流れる血管を何といいますか。

〔　　　　　　　〕

(4) 心臓にもどる血液が流れる血管を何といいますか。

〔　　　　　　　〕

(5) 酸素を多くふくむ血液を何といいますか。

〔　　　　　　　〕

6 光と音を感じとるしくみ

動画▶ をみながら ___ をうめよう！

感覚器官

●刺激を受けとる器官を _____ という。

感覚器官	受けとる刺激
目（視覚）	光
____（聴覚）	音
____（嗅覚）	におい
舌（味覚）	味
皮膚など（触覚）	温度・痛み・圧力など

これも覚えよう

感覚器官には，光，音などの決まった刺激を受けとる感覚細胞がある。

目のつくりとはたらき

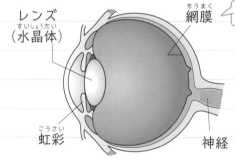

レンズ（水晶体） 網膜 虹彩 神経

感覚細胞がある。

目はカメラの構造に似ていて，目のレンズ（水晶体）はカメラの凸レンズにあたるよ。

●光を屈折させ，網膜上に像を結ぶつくりを _____ という。

●レンズに入る光の量を調節するつくりを _____ という。

●像を結び，光の刺激を受けとるつくりを _____ という。

Point!

虹彩のはたらきでひとみの大きさを変えて，

目に入る光の量を調整する。

明るいところ…ひとみは小さくなる。

暗いところ　…ひとみは大きくなる。

ひとみ

耳のつくりとはたらき

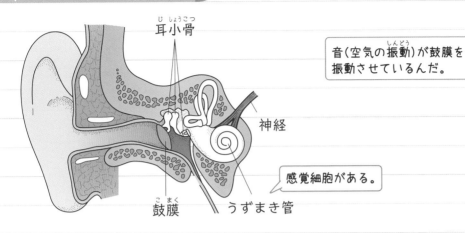

耳小骨

音（空気の振動）が鼓膜を振動させているんだ。

神経

感覚細胞がある。

鼓膜　　うずまき管

● 鼓膜…音をとらえて振動する。

● ＿＿＿＿＿＿…振動を大きくして，うずまき管へ伝える。

● ＿＿＿＿＿＿…中の液体を振動させ，音の刺激を受けとる。

Point!

感覚細胞が受けとった刺激は，信号に変えられ，

神経（感覚神経）を通って脳などへ伝えられる。

確認問題

(1) 刺激を受けとる器官を何といいますか。　　　　　　　　　　〔　　　　　〕

(2) 目のつくりで，像が結ばれて，光の刺激を受けとる部分を何といいますか。
　　　　　　　　　　　　　　　　　　　　　　　　　　　　〔　　　　　〕

(3) ひとみの大きさは，暗いところでは大きくなりますか，小さくなりますか。
　　　　　　　　　　　　　　　　　　　　　　　　　　〔　　　　　〕

(4) 耳のつくりで，音をとらえて振動する部分を何といいますか。
　　　　　　　　　　　　　　　　　　　　　　　　　　　〔　　　　　〕

7 刺激と反応

神経系のしくみ

- ＿＿＿＿＿＿神経…脳，せきずいからなる神経。
- ＿＿＿＿＿＿神経…感覚神経，運動神経などからなる神経。

意識して起こす反応

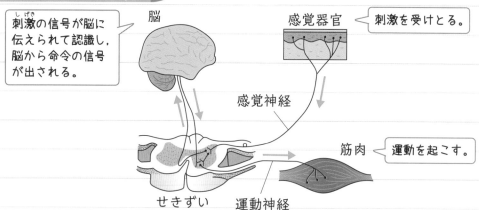

刺激の信号が脳に伝えられて認識し，脳から命令の信号が出される。

脳

感覚器官 — 刺激を受けとる。

感覚神経

筋肉 — 運動を起こす。

せきずい　　運動神経

● **刺激を受けて反応が起こるまでの信号の道すじ**

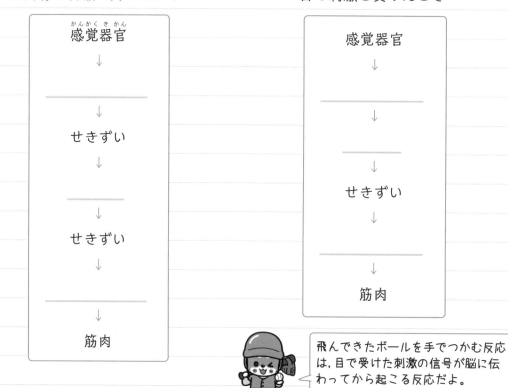

＜皮膚で刺激を受けたとき＞

感覚器官
↓
＿＿＿＿＿＿
↓
せきずい
↓
＿＿＿＿＿＿
↓
せきずい
↓
＿＿＿＿＿＿
↓
筋肉

＜目で刺激を受けたとき＞

感覚器官
↓
＿＿＿＿＿＿
↓
せきずい
↓
＿＿＿＿＿＿
↓
筋肉

飛んできたボールを手でつかむ反応は，目で受けた刺激の信号が脳に伝わってから起こる反応だよ。

無意識に起こる反応

●反射…刺激に対して無意識に起こる反応。

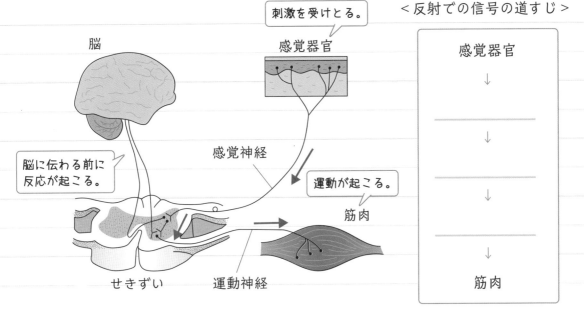

刺激を受けとる。

感覚器官

脳

脳に伝わる前に
反応が起こる。

感覚神経

運動が起こる。

筋肉

せきずい

運動神経

＜反射での信号の道すじ＞

感覚器官
↓

↓

↓

↓
筋肉

Point!

反射は，意識して起こす反応に比べて，

反応が起こるまでの時間が短い。

食物を口に入れると
自然にだ液が出る反
応も反射だよ。

確認問題

(1) 脳，せきずいからなる神経を何といいますか。　〔　　　　〕

(2) (1)から出て，全身に広がる神経を何といいますか。　〔　　　　〕

(3) 感覚器官で受けとった刺激を(1)に伝える神経を何といいますか。
〔　　　　〕

(4) (1)から出た命令の信号を筋肉に伝える神経を何といいますか。
〔　　　　〕

(5) 刺激に対して，無意識に起こる反応を何といいますか。　〔　　　　〕

8 運動のしくみ

骨格と筋肉

●ヒトの体は多数の骨からできていて，

この骨が複雑なしくみの＿＿＿＿＿＿をつくっている。

・頭骨…脳を守る。

・背骨（せぼね）…体を支える。

・ろっ骨…肺の動きをつくり出す。

・骨盤（こつばん）…内臓を支える。

ヒトの体には
約200個の骨
があるよ。

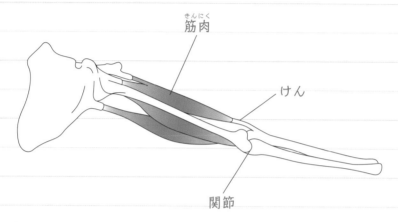

筋肉（きんにく）

けん

関節

●骨と骨のつなぎ目で，曲げることができる部分を＿＿＿＿＿＿という。

●骨についている筋肉の両端（りょうたん）のじょうぶなつくりを＿＿＿＿＿＿という。

関節をまたいだ2つの骨についている。

●ヒトの骨格のように，体の内部にある骨格のことを＿＿＿＿＿＿という。

これも覚えよう

エビやバッタなどの節足動物にみられる，
体の外側をおおうかたい殻を外骨格（がいこっかく）という。

運動のしくみ

〈うでをのばすとき〉

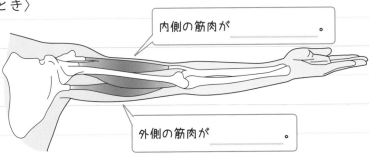

内側の筋肉が 。

外側の筋肉が 。

〈うでを曲げるとき〉

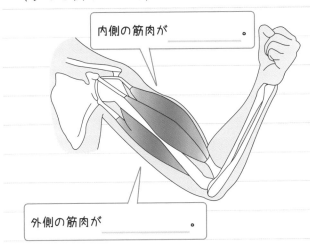

内側の筋肉が 。

外側の筋肉が 。

Point!

骨の両側についている2つの筋肉の

一方が縮むと，他方がゆるむ。

うでやあしは，骨と
筋肉が互いに関係し
合って動くんだ。

確認問題

(1) 骨と骨のつなぎ目で，曲げることができる部分を何といいますか。

〔　　　　　　　　〕

(2) 骨についている筋肉の両端のじょうぶなつくりを何といいますか。

〔　　　　　　　　〕

(3) ヒトの骨格のように，体の内部にある骨格のことを何といいますか。

〔　　　　　　　　〕

1 霧のでき方・雲のでき方

大気圧と圧力

●圧力…物体が面を垂直におす単位面積（1 m² など）あたりの力。

単位は ＿＿＿＿＿＿＿（記号 Pa）や

ニュートン毎平方メートル（記号 ＿＿＿＿＿）。

Point!　圧力〔Pa〕 = $\dfrac{面を垂直におす力〔N〕}{力がはたらく面積〔m^2〕}$

（例題）

右の図のような，質量 350 g の物体を A の面を下にして机の
上に置いたとき，物体が机をおす圧力は何 Pa ですか。ただし，
質量 100 g の物体にはたらく重力の大きさを 1 N とします。

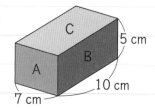

物体が机を垂直におす力は ＿＿＿＿ N。

物体の力がはたらく面積は，0.07〔m〕× 0.05〔m〕= ＿＿＿＿＿＿〔m²〕なので，

$\dfrac{3.5〔N〕}{0.0035〔m^2〕}$ = ＿＿＿＿＿〔Pa〕

●空気にはたらく ＿＿＿＿＿によってあらゆる方向から加わる圧力を
＿＿＿＿という。単位は ＿＿＿＿＿＿＿（記号 ＿＿＿＿）。

●上空にいくほど大気の質量が小さくなるため，上空の大気圧は地表よりも ＿＿＿＿＿＿。

霧のでき方

●霧…地表付近で，空気にふくまれる ＿＿＿＿＿＿が冷やされてできたもの。

●霧は深夜から早朝など，湿度が高く気温が低いと発生しやすい。

雲のでき方

＿＿＿＿ 上昇する空気の動き。

① 空気が熱せられるなどの原因で ＿＿＿＿＿＿が発生する。

② 上昇した空気は，まわりの気圧が低くなり，膨張して温度が ＿＿＿＿＿。

③ 水蒸気の一部が水滴や氷の粒になって，雲ができる。

Point!　雲は上昇気流のあるところでできやすい。

〈上昇気流が発生する例〉

地面があたたまる
→空気もあたたまって上昇！

温度のちがう空気が
ぶつかって上昇！

空気が山の斜面に
ぶつかって上昇！

これも覚えよう

・下降気流（かこうきりゅう）…下降する空気の動き。
・下降した空気は，まわりの気圧が高くなり，温度が上がる。
　→下降気流があるところでは雲ができにくい。

【雲をつくる実験】

丸底フラスコの内部をぬるま湯でぬら
し，少量の線香（せんこう）のけむりを入れる。
装置につないだ注射器のピストンを引く
と，白いくもりができた。

➡ フラスコ内の空気の体積が大きく
　なって温度が下がり，フラスコ内の
　　　　　が水滴に変わったため。

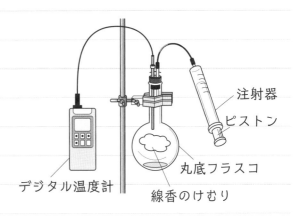

注射器

ピストン

丸底フラスコ

線香のけむり

デジタル温度計

雲の種類

雨や雪などが地表に降ることを　　　　　　　という。積乱雲や乱層雲が降水をもたらす。
（せきらんうん　らんそううん）

確認問題

(1) 重力が 300 N である物体が，15 m² の面を垂直におすときの圧力は何 Pa です
　か。　　　　　　　　　　　　　　　　　　　　　　　　〔　　　　　Pa〕

(2) 空気にはたらく重力によってあらゆる方向から加わる圧力を何といいますか。
　　　　　　　　　　　　　　　　　　　　　　　　　　〔　　　　　　〕

2 空気中の水蒸気

動画をみながら＿＿＿をうめよう！

飽和水蒸気量

● 凝結…空気中の水蒸気が水滴になること。

● ＿＿＿＿＿…空気中の水蒸気が水滴になり始めるときの温度。

● ＿＿＿＿＿…空気 1 m³ 中にふくむことのできる水蒸気の最大量。

　　　　　　　単位はグラム毎立方メートル（記号 g/m³）。

水蒸気は気体，
水滴は液体だね。

気温と飽和水蒸気量の関係

飽和水蒸気量は，

気温が高いほど＿＿＿＿＿なり，気温が低いほど＿＿＿＿＿なる。

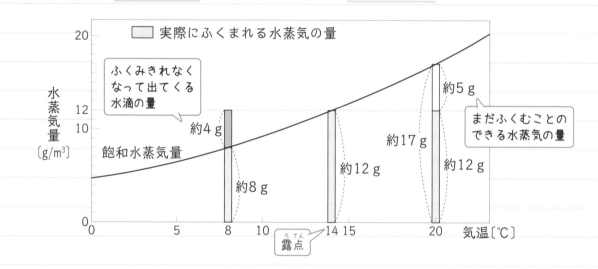

空気中に実際にふくまれる水蒸気の量が約 12 g とすると，

〈気温が 20 ℃になったとき〉

　飽和水蒸気量は，グラフより約＿＿＿＿＿ g/m³ なので，

　1 m³ あたり 17〔g〕− 12〔g〕= 5〔g〕　の＿＿＿＿＿をまだふくむことができる。

〈気温が 14 ℃になったとき〉

　飽和水蒸気量は，グラフより約＿＿＿＿＿ g/m³。

　飽和水蒸気量と実際にふくまれている水蒸気の量が＿＿＿＿＿なので，

　この空気の露点は＿＿＿＿＿℃である。

〈気温が8℃になったとき〉

飽和水蒸気量は，グラフより約 _____ g/m³ なので，

1 m³ あたり 12〔g〕− 8〔g〕= 4〔g〕 が _____ として出る。

これも覚えよう

$$\text{湿度〔\%〕} = \frac{\text{空気 1 m}^3\text{にふくまれる水蒸気量〔g/m}^3\text{〕}}{\text{その温度での飽和水蒸気量〔g/m}^3\text{〕}} \times 100$$

湿度が低いと，乾燥した空気で
頭のお皿がかわいちゃうな…。

確認問題

右の図は，気温と飽和水蒸気量の関係を
グラフに表したものである。気温が 20℃
で 12.8 g/m³ の水蒸気をふくむ空気につ
いて，次の問いに答えなさい。

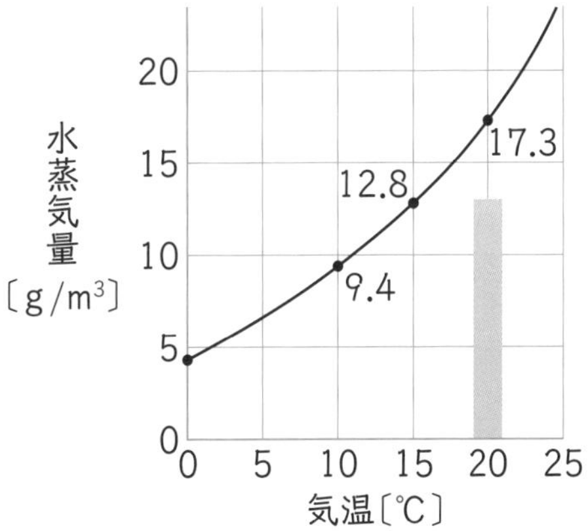

(1) この空気は，気温が 20℃のとき，
1 m³ あたりあと何 g の水蒸気をふくむ
ことができますか。

〔　　　g〕

(2) この空気を冷やしていったとき，水滴ができ始める温度は何℃ですか。

〔　　　℃〕

(3) この空気を 10℃まで下げると，1 m³ あたり何 g の水滴が出てきますか。

〔　　　g〕

3 地球をめぐる水，風がふくしくみ

動画をみながら＿＿＿をうめよう！

地球をめぐる水

●地球上の水は，＿＿＿＿＿（固体），水（液体），＿＿＿＿＿＿（気体）と

状態を変化させながら循環（じゅんかん）している。

●水の循環は，＿＿＿＿＿＿のエネルギーが大きく関係する。

・河川や海の水が太陽光のエネルギーであたためられて

蒸発し，＿＿＿＿＿＿となる。

⬇

・水蒸気は上空で冷やされて＿＿＿＿となり，

一部が雨や雪となって＿＿＿＿＿へ移動する。

⬇

・地表に降った雨や雪は河川を通って＿＿＿＿＿へ移動する。

高気圧（こうきあつ）と低気圧（ていきあつ）

●高気圧…まわりより気圧が＿＿＿＿＿ところ。北半球において，

‥‥‥‥ 日本は北半球にある

高気圧のまわりの風は＿＿＿＿＿まわりにふき＿＿＿＿＿。

下降気流（かこうきりゅう）が生じ，晴れやすい。

高気圧の中心付近では，

＿＿＿＿＿気流が生じて，

天気は＿＿＿＿＿やすい。

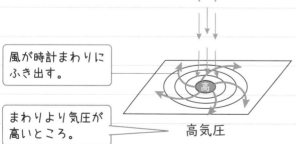

風が時計まわりにふき出す。

まわりより気圧が高いところ。

高気圧

memo
空気が下降すると，圧縮されて温度が上がるので，雲ができにくい。

これも覚えよう
風は，気圧の高いところから低いところへ向かってふく。

●低気圧…まわりより気圧が　　　　　ところ。北半球において、

　　低気圧のまわりの風は　　　　　　まわりにふき　　　　　　。

上昇気流が生じ、雲ができやすい。

風が反時計まわりにふきこむ。

まわりより気圧が低いところ。

低気圧

低気圧の中心付近では、

　　　　　気流が生じて、

　　　　　ができやすく、

雨が降りやすい。

44ページで雲のでき方を勉強したね。

確認問題

(1)　水の循環に大きく関係しているのは何のエネルギーですか。

　　　　　　　　　　　　　　　　　　　　　　〔　　　　　　　〕

(2)　高気圧は、まわりよりも気圧が高いところですか、低いところですか。

　　　　　　　　　　　　　　　　　　　　　〔　　　　　　　〕

(3)　低気圧の中心付近では、風はどのようにふいていますか。あてはまるものに〇をつけなさい。

　　〔風は（時計・反時計）まわりにふき（出す・こむ）。〕

(4)　高気圧と低気圧のうち、下降気流が生じて晴れやすいのはどちらの中心付近ですか。

　　　　　　　　　　　　　　　　　　　　　〔　　　　　　　〕

4 大気のようす

動画 ▶ をみながら＿＿＿をうめよう！

気団と前線

●気団…気温や湿度がほぼ等しい空気の大きなかたまり。

　・暖気団…あたたかい空気のかたまり。

　・寒気団…冷たい空気のかたまり。

●　　　　　　　…性質の異なる気団が接する境界面。

●前線…前線面が地表面と交わるところ。

前線の種類

●寒冷前線

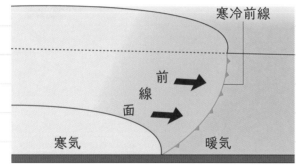

寒気が暖気の下にもぐりこみ，

＿＿＿＿＿をおし上げながら進む

前線。

（記号）

▲　▲　▲

●温暖前線

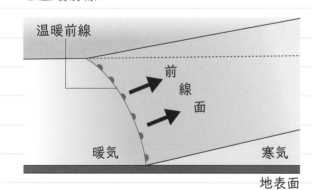

暖気が寒気の上にはい上がり，

＿＿＿＿＿をおしながら進む

前線。

（記号）

●　●　●

●停滞前線…寒気と暖気の勢力がほぼ　　　　　　　で，ほとんど動かない前線。

　　　　　　雨の多い天気となる。

　・つゆの時期にできる停滞前線を　　　　　　前線という。

　・夏の終わりにできる停滞前線を　　　　　　前線という。

　（記号）

●閉そく前線…　　　　　前線が　　　　　前線に追いついてできる前線。

　（記号）

確認問題

(1)　性質の異なる気団が接する境界面を何といいますか。　〔　　　　　〕

(2)　暖気が寒気の上にはい上がり，寒気をおしながら進む前線のことを何といいますか。　〔　　　　　〕

(3)　寒冷前線の進み方を，次から1つ選びなさい。

　ア　寒気が暖気の下にもぐりこみ，暖気をおし上げながら進む。

　イ　暖気が寒気の上にはい上がり，寒気をおしながら進む。

　　　　　　　　　　　　　　　　　　　　　　〔　　　　　〕

(4)　停滞前線を表す記号を，次から1つ選びなさい。

　ア　　　　　　　　　　　　　　　　イ

　ウ　　　　　　　　　　　　　　　　エ

　　　　　　　　　　　　　　　　　　　　　　〔　　　　　〕

5 大気の動きによる天気の変化

をみながら　　をうめよう!

温暖前線

前線面の傾斜がゆるやかで広範囲にわたって雲ができる。

・前線が通過するとき

_____ 範囲で _____ 雨が長時間降る。

・前線が通過した後

風向は _____ よりに変わり,

気温が _____ 。

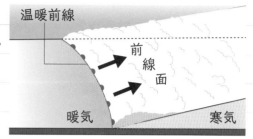

寒冷前線

前線面の傾斜が急でせまい範囲に雲ができる。

・前線が通過するとき

_____ 範囲で _____ 雨が短時間

降る。

・前線が通過した後

風向は _____ よりに変わり,

気温が急激に _____ 。

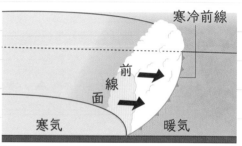

温帯低気圧と前線の関係

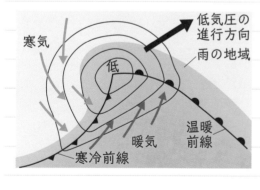

●中緯度帯で発生する前線をともなう低気圧を

_____ 低気圧という。

●低気圧の進行方向は _____ 前線の進行方

向と同じ。

●暖気は _____ 前線に向かって,

寒気は _____ 前線に向かって流れこむ。

●雨が降るのは,温暖前線の進行方向と,

寒冷前線が通過した _____ 。

天気図の記号

○	◐	◎	●
快晴	晴れ	くもり	雨

memo

空全体に対する雲が占める割合を雲量といい，天気は雲量を観測することで決められる。

天気図の記号は，

天気…丸の中の記号　　風向…矢の向き　　風力…矢羽根の本数

で表される。

例

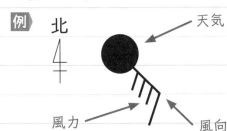

天気は ＿＿＿＿＿，

風向は ＿＿＿＿＿＿，

風力は ＿＿＿。

これも覚えよう

気温，湿度，気圧，風向，風速などのことを気象要素という。

確認問題

(1) 温暖前線通過時の雨の降り方を，次から1つ選びなさい。

　ア　せまい範囲で強い雨が短時間降る。

　イ　広い範囲で弱い雨が長時間降る。　　　　　　　　　〔　　　　〕

(2) 温暖前線が通過すると，気温はどうなりますか。　　　〔　　　　〕

(3) 寒冷前線が通過すると，風向はどの向きに変わりますか。〔　　　　〕

(4) 低気圧の進行方向は，温暖前線と寒冷前線のどちらの進行方向と同じですか。

　　　　　　　　　　　　　　　　　　　　　　　　　〔　　　　〕

(5) 右の，天気図の記号が表す天気は何ですか。

　　　　　　　　　　〔　　　　〕

6 陸と海の間の大気の動き

動画 ▶ をみながら＿＿をうめよう！

偏西風

日本の上空を一年中ふく西風を　　　　　　　という。

この影響で，日本の天気は

＿＿＿＿から＿＿＿＿へ変わる。

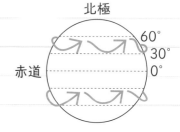

●地球規模の大気の動き

・低緯度地域（赤道付近）

　　　　　　　　気流が生じている。

・高緯度地域（北極，南極）

　　　　　　　　気流が生じている。

・中緯度地域（日本など）

　　偏西風がふく。

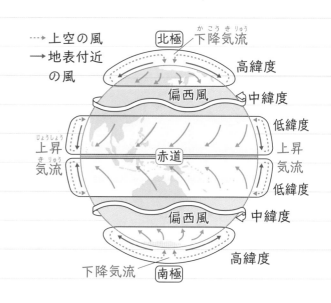

季節風

季節によって特徴的にふく風を　　　　　　　という。

日本では，

冬は＿＿＿＿＿＿の季節風が，夏は＿＿＿＿＿＿の季節風がふく。

日本付近の冬の季節風　　　日本付近の夏の季節風

海風と陸風

● 昼に，海から陸に向かってふく風を ＿＿＿＿＿＿ という。

昼の温度は，海よりも陸のほうが高い。

気圧は陸のほうが ＿＿＿＿＿ なる。

風は ＿＿＿＿ から ＿＿＿＿ へふく。

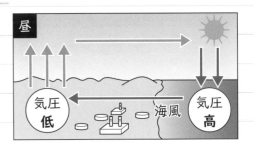

● 夜に，陸から海に向かってふく風を ＿＿＿＿＿＿ という。

夜の温度は，海よりも陸のほうが低い。

気圧は，陸のほうが ＿＿＿＿＿ なる。

風は ＿＿＿＿ から ＿＿＿＿ へふく。

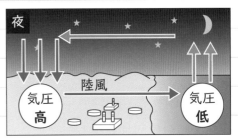

まとめて
海陸風ともよばれるよ。

Point! 陸はあたたまりやすく，冷めやすい。

海はあたたまりにくく，冷めにくい。

確認問題

(1) 日本の上空を一年中ふく西風を何といいますか。 〔　　　　　〕

(2) 季節によって特徴的にふく風を何といいますか。 〔　　　　　〕

(3) 日本付近で，北西の季節風がふく季節はいつですか。 〔　　　　　〕

(4) 昼に，海から陸に向かってふく風を何といいますか。 〔　　　　　〕

(5) 海岸付近で，夜に気圧が高いのは海と陸のどちらですか。 〔　　　　　〕

7 日本の天気

日本付近の気団

● **シベリア気団**

…冷たく乾燥した気団。

_____ の季節に発達。

● **小笠原気団**

…あたたかく湿った気団。

_____ の季節に発達。

● _____ **気団**

…冷たく湿った気団。

シベリア気団
（寒冷・乾燥）

オホーツク海
気団
（低温・湿潤）

小笠原気団
（高温・湿潤）

Point!

大陸の気団は乾燥していて，

海洋の気団は湿っている。

北にある気団は冷たく，
南にある気団は
あたたかいね。

日本の四季

● **冬の天気**

西の大陸上で _____ 気圧が発達し，

東の太平洋上で _____ 気圧が発達。

➡ _____ の気圧配置。

_____ の季節風がふき，日本海側は雪，太平洋側は晴れやすい。

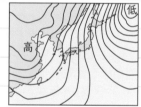

● **夏の天気**

小笠原高気圧（太平洋高気圧）におおわれ，

南に _____ 気圧，北に _____ 気圧が見られる。

➡ _____ の気圧配置。

_____ の季節風がふき，蒸し暑く晴れやすい。

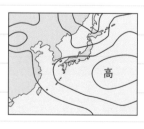

●春・秋の天気

偏西風の影響で，移動性高気圧と低気圧が

交互に＿＿＿＿＿から東へ移動。

➡ 天気は周期的に変わりやすい。

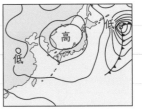

●梅雨(つゆ)の天気

オホーツク海気団と小笠原気団の勢力が

つり合い，＿＿＿＿＿前線(梅雨前線)ができる。

➡ 長期間＿＿＿＿＿の多い天気となる。

これも覚えよう

熱帯地方で発生した低気圧（熱帯低気圧）のうち，

最大風速が 17.2 m/s 以上になったものを台風という。

台風の中心付近では強い風がふき，大量の雨をもたらす。

確認問題

(1) 冬に大陸で発達し，冷たく乾燥した気団を何といいますか。

〔　　　　　〕

(2) 夏に太平洋上で発達し，あたたかく湿った気団を何といいますか。

〔　　　　　〕

(3) 西高東低の気圧配置となる季節はいつですか。　　　　　〔　　　　　〕

(4) 夏には，小笠原高気圧におおわれることで，蒸し暑く，どのような天気になる

ことが多いですか。　　　　　〔　　　　　〕

(5) 停滞前線が長くとどまり，長雨となる時期はいつですか。　　〔　　　　　〕

1 回路と電流

回路

電流が流れる道すじを回路という。

●枝分かれしていなくて，電流の流れる道すじが１本だけの回路を　　　　　　回路
という。

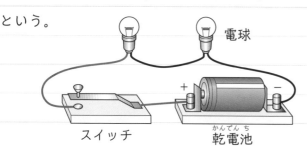

電球

スイッチ　　乾電池

電流とは，電気の流れのことだね。

●枝分かれしていて，電流の流れる道すじが２本以上ある回路を　　　　　　回路
という。

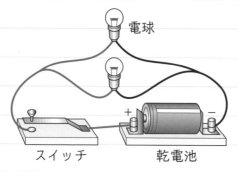

電球

スイッチ　　乾電池

memo
電流は，電源（電池）の＋極から出て−極へ入る向きに流れる。

電気用図記号

電源（電池）	スイッチ	電球	電流計	抵抗	電圧計
（−極）（＋極）		⊗	Ⓐ	▭	Ⓥ

Point!
電源（電池）を表す電気用図記号は，長いほうが＋極，短いほうが−極。

●電気用図記号を用いて回路全体を表した図を _____ という。

・直列回路

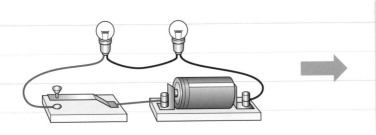

回路図を完成させよう

・並列回路

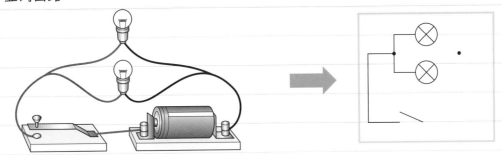

確認問題

(1) 電流の流れる道すじが1本だけの回路を何といいますか。

〔　　　　　　　〕

(2) 枝分かれしていて，電流の流れる道すじが2本以上ある回路を何といいますか。

〔　　　　　　　〕

(3) 電気用図記号を用いて，回路全体を表した図を何といいますか。

〔　　　　　　　〕

(4) 次の電気用図記号は，それぞれ何を表しますか。

〔　　　　　〕　　　　　　　〔　　　　　〕

2 回路を流れる電流

動画をみながら＿＿をうめよう！

電流計の使い方

● 回路を流れる電流は電流計ではかる。

電流の単位はアンペア（記号 A）やミリアンペア（記号 mA）が使われる。

● 電流計は回路に＿＿＿＿＿＿につなぐ。

● 電源の＋極側の導線は＿＿＿＿＿端子に，－極側の導線は＿＿＿＿＿端子の

いずれか1つにつなぐ。

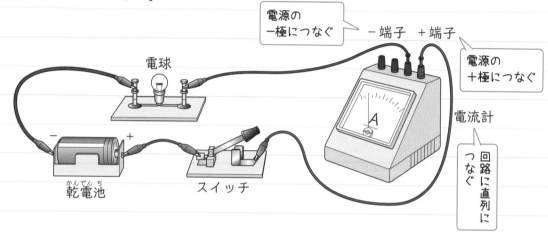

電源の－極につなぐ

－端子　＋端子

電源の＋極につなぐ

電球

A

電流計

乾電池

スイッチ

回路に直列につなぐ

Point!

流れる電流の大きさがわからないときは，－端子の値の大きいものからつなぐ。

針のふれが小さければ，順に小さい値の端子へつなぎかえる。

● 電流計の読み方

例

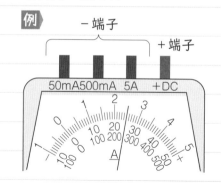

－端子

＋端子

50mA 500mA 5A ＋DC

左の図の針が示す値は，

つないでいる－端子が

50 mA のとき　→　25.0 mA

500 mA のとき　→　250 mA

5 A のとき　→　2.50 A

これも覚えよう

目盛りの値は最小目盛りの $\frac{1}{10}$ まで目分量で読みとる。

直列回路と並列回路の電流（I：電流）

●直列回路の電流の大きさ

回路を流れる電流（I_1，I_2，I_3）の大きさは，どこも _____。

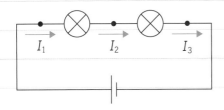

$$I_1 = I_2 = I_3$$

●並列回路の電流の大きさ

枝分かれしている部分の電流の大きさ（I_2，I_3）の和は，

枝分かれしていない部分の電流の大きさ（I_1，I_4）と _____。

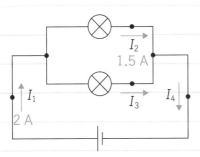

$$I_1 = I_2 + I_3 = I_4$$

例 $I_1 = 2$ A，$I_2 = 1.5$ A のとき，

$I_3 = 2$〔A〕$- 1.5$〔A〕$= 0.5$〔A〕

$I_4 = I_1 = 2$ A

確認問題

(1) 右の回路図について，答えなさい。

① 点Pを流れる電流の大きさは何Aですか。

〔   A〕

② 点Qを流れる電流の大きさは何Aですか。

〔   A〕

③ 点Pの位置に電流計をつなぐとき，－端子は 50 mA，500 mA，5 A のうちどれにつなげばよいですか。

〔   〕

(2) 右の図のように，－端子を 500 mA の端子につないだとき，電流計が示す値は何 mA ですか。

〔   mA〕

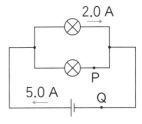

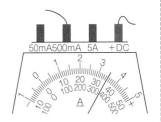

3 回路に加わる電圧

電圧計の使い方

● 回路に加わる電圧は電圧計ではかる。

電圧の単位はボルト（記号 V）やミリボルト（記号 mV）が使われる。

● 電圧計は回路に　　　　　　　につなぐ。

● 電源の＋極側の導線を　　　　　　　端子に，－極側の導線を　　　　　　　端子のいずれか

1つにつなぐ。

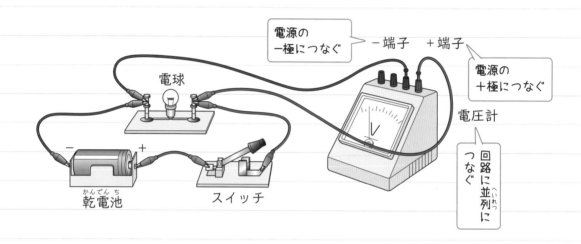

電源の一極につなぐ　－端子　＋端子

電源の＋極につなぐ

電球

電圧計

乾電池　　スイッチ

回路に並列につなぐ

Point!

加わる電圧の大きさが予想できるときは，

はじめから電圧の大きさに合わせた－端子につなぎ，はかってもよい。

● **電圧計の読み方**

例

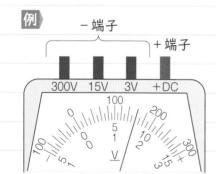

－端子

＋端子

300V　15V　3V　＋DC

左の図の針が示す値は，

つないでいる－端子が

300 V のとき　→　160 V

15 V のとき　→　8.0 V

3 V のとき　→　1.60 V

電圧計も，目盛りの $\frac{1}{10}$ まで読みとろう。

直列回路と並列回路の電圧（V：電圧）

●直列回路の電圧の大きさ

それぞれの豆電球に加わる電圧の大きさ（V_1, V_2）の和は，

電源に加わる電圧の大きさ（V）に ＿＿＿＿＿＿＿。

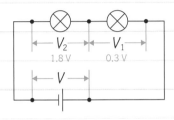

$$V = V_1 + V_2$$

例 $V_1 = 0.3\,V$, $V_2 = 1.8\,V$ のとき，

$V = 0.3〔V〕+ 1.8〔V〕= 2.1〔V〕$

●並列回路の電圧の大きさ

それぞれの豆電球に加わる電圧の大きさ（V_1, V_2）はいずれも ＿＿＿＿＿＿ で，

電源に加わる電圧の大きさ（V）に ＿＿＿＿＿＿＿。

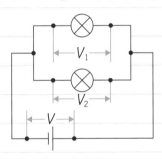

$$V = V_1 = V_2$$

確認問題

(1) 右の回路図について，答えなさい。

① Pの部分に加わる電圧の大きさは何Vですか。

〔 　　　　　　　V〕

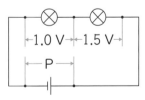

② 電源と豆電球を流れる電流の大きさは同じですか，
ちがいますか。 〔 　　　　　　　〕

(2) 電圧計は，回路にどのようにつなぎますか。

〔 　　　　　　　　　　　〕

(3) 右の図のように，－端子を15Vの端子につないだと
き，電圧計が示す値は何Vですか。

〔 　　　　　　　V〕

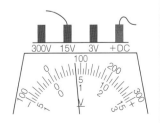

4 電圧と電流の関係

オームの法則

●電熱線を流れる電流の大きさは，電熱線の両端に加わる電圧の大きさに

_____する。この関係を_____の法則という。

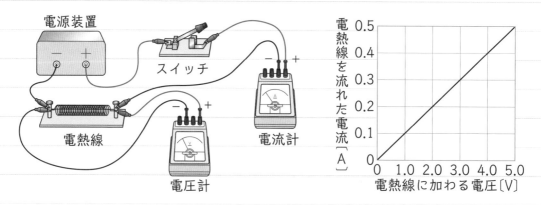

電源装置

スイッチ

電熱線

電圧計

電流計

●電流の流れにくさを_____という。

単位は_____（記号_____）を用いる。

●抵抗と電流，電圧の関係式

$$\cdot 抵抗〔Ω〕 = \frac{電圧〔V〕}{電流〔A〕} \qquad \cdot 電流〔A〕 = \frac{電圧〔V〕}{抵抗〔Ω〕}$$

$$\cdot 電圧〔V〕 = 抵抗〔Ω〕 × 電流〔A〕$$

回路全体の抵抗

●直列回路の抵抗

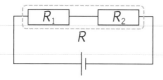

抵抗の大きさがR_1とR_2の抵抗を直列につないだとき，

回路全体の抵抗Rは，

$$R = R_1 + R_2$$

●並列回路の抵抗

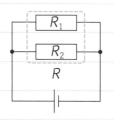

抵抗の大きさがR_1とR_2の抵抗を並列につないだとき，

回路全体の抵抗Rは，

$$\frac{1}{R} = \frac{1}{R_1} + \frac{1}{R_2}$$

（例題１）15 Vの電圧を加えたとき，3Aの電流が流れる

　　　　電熱線の抵抗の大きさは何Ωですか。

$$抵抗〔Ω〕 = \frac{電圧〔V〕}{電流〔A〕} \quad より，$$

$$抵抗 = \frac{15〔V〕}{3〔A〕} = \underline{}〔Ω〕$$

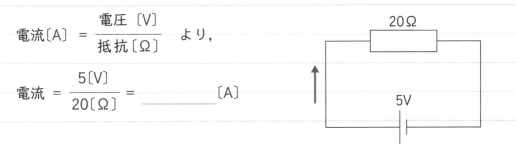

3A　　15V

（例題２）抵抗が20Ωの電熱線に5Vの電圧を加えたとき，

　　　　流れる電流の大きさは何Aですか。

$$電流〔A〕 = \frac{電圧〔V〕}{抵抗〔Ω〕} \quad より，$$

$$電流 = \frac{5〔V〕}{20〔Ω〕} = \underline{}〔A〕$$

20Ω　　5V

確認問題

(1)　電熱線を流れる電流の大きさは，電熱線の両端に加わる電圧の大きさに比例するという関係を，何の法則といいますか。　　　　　　〔　　　　　　　の法則〕

(2)　電流の流れにくさのことを何といいますか。　　　　　　　〔　　　　　　　〕

(3)　右の回路で，抵抗の大きさは何Ωですか。

　　　　　　　　　　　　　　　〔　　　　Ω〕　　　800 mA↑　4 V

(4)　右の回路で，回路に流れる電流の大きさは何Aですか。

　　　　　　　　　　　　　　　〔　　　　A〕　　　6 Ω　↑　0.9 V

(5)　右の回路で，抵抗に加わる電圧の大きさは何Vですか。

　　　　　　　　　　　　　　　〔　　　　V〕　　　4 Ω　200 mA↑

5 電力と熱量

電気エネルギーと電力

●電気がもついろいろなはたらきをする能力を電気エネルギーという。

●電気器具の能力を表す量で，

1秒あたりに消費する電気エネルギーの大きさを＿＿＿＿＿という。

単位は＿＿＿＿＿（記号＿＿＿＿＿）。

●**電力と電圧，電流の関係式**

電力は，電圧と電流の大きさに＿＿＿＿＿する。

電力〔W〕= 電圧〔V〕× 電流〔A〕

熱量

\ すごい熱量！/

●電熱線に電流を流したときに電熱線から発生する熱など，

物質に出入りする熱の量を＿＿＿＿＿という。

単位は＿＿＿＿＿（記号＿＿＿＿＿）。

【電流による発熱の実験】

図のような装置で電熱線に一定の電圧を加え，

水の温度を1分ごとに測定した。

時間〔分〕	0	1	2	3
水温〔℃〕	21.4	22.0	22.6	23.2
上昇温度〔℃〕	0	0.6	1.2	1.8

電源装置

温度計

スイッチ

ガラス棒

発泡ポリスチレンの容器

スタンド

電熱線

【結果】

・水の上昇温度は，時間に＿＿＿＿＿する。

・発生した熱量が大きいほど，水の上昇温度は＿＿＿＿＿なる。

●**熱量と電力，時間の関係式**

熱量〔J〕=電力〔W〕× 時間〔s〕

時間の単位は「秒」だね。

Point!

熱量は，電力と電流を流した時間に比例する。

（例題）ある電熱線に 6 V の電圧を加え，0.5 A の電流を 1 分間流した。

① 電熱線が消費した電力は何Wですか。

電力〔W〕＝電圧〔V〕× 電流〔A〕より，

6〔V〕× 0.5〔A〕＝ _____〔W〕

② 電熱線から発生した熱量は何Jですか。

熱量〔J〕＝電力〔W〕× 時間〔s〕より，

3〔W〕× 60〔s〕＝ _____〔J〕

これも覚えよう

電気を使うときに消費した電気エネルギーの総量を
電力量という。

電力量〔J〕＝電力〔W〕× 時間〔s〕

確認問題

右の図のような装置をつくり，抵抗が 2 Ωの
電熱線に 4 V の電圧を加えて，1 分ごとに水の
温度をはかった。次の問いに答えなさい。

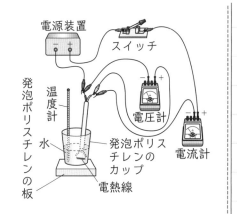

(1) 電熱線に流れる電流は何Aですか。

〔　　　　A〕

(2) 電熱線が消費した電力は何Wですか。

〔　　　　W〕

(3) 電熱線に 3 分間電流を流したとき，電熱線から発生した熱量は何Jですか。

〔　　　　J〕

(4) 同じ時間あたりの水の上昇温度を大きくするには，電熱線から発生する熱量を
どうすればよいですか。

〔　　　　　　　　　〕

6 静電気と放電

静電気

● 2種類の物質をこすり合わせることで生じる電気を　　　　　　　という。

一方の物体が＋の電気を，もう一方の物体が　　　　　　の電気を帯びる。

●放電…電気が空間を移動したり，たまっていた電気が流れ出したりする現象。

●**電気の力（電気力）**…電気の間にはたらく力。

同じ種類の電気の間には，　　　　　　　　　力がはたらく。

ちがう種類の電気の間には，　　　　　　　力がはたらく。

> これも覚えよう
> 電気の力は離れていてもはたらく。

静電気の実験

【実験】

① 図1のように，ストローAが軽く回転できる装置をつくる。

② 図1のストローAの先を，ティッシュペーパーでこする。

③ 図2のように，別のストローBの先を，ティッシュペーパーでこする。

図1

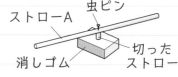

図2

Point!

ストローは－の電気を，

ティッシュペーパーは＋の電気を帯びる。

【結果】

・ストローBをストローAに近づけたとき：

　Aが B から離れるように動く。

　➡ AとBの間に

　　　　　　　　　　　　力がはたらいている。

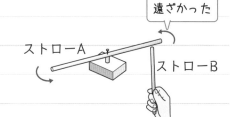

・ティッシュペーパーをストローAに近づけたとき：

　Aがティッシュペーパーに近づくように動く。

　➡ Aとティッシュペーパーの間に

　　　　　　　　　　力がはたらいている。

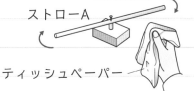

memo
ストローの代わりにポリ塩化ビニルの棒をティッシュ
ペーパーでこすっても, 同じ現象が見られる。

確認問題

(1)　2種類の物質をこすり合わせると生じるものは何ですか。　〔　　　　　〕

(2)　電気が空間を移動したり, たまっていた電気が流れ出したりする現象を何といいますか。　〔　　　　　〕

(3)　毛皮でこすったストローとポリ塩化ビニルの棒を近づけると, 離れるように動いた。次の問いに答えなさい。

　① ストローとポリ塩化ビニルにたまった電気の種類は, 同じですか, ちがいますか。　〔　　　　　〕

　② ストローとポリ塩化ビニルの間にはたらく力は何ですか。

　　　　　　　　　　　　　　　　　　　　　　　　　　〔　　　　　〕

7 静電気と電流の関係

動画 ▶
をみながら
＿をうめよう！

真空放電

●気圧を低くした空間を＿＿＿＿が流れる現象を＿＿＿＿という。

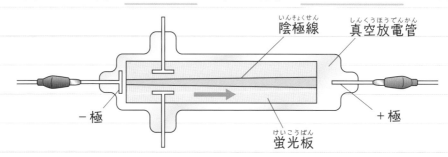

陰極線　真空放電管
－極　＋極
蛍光板

●真空放電管の中に蛍光板を入れたときに現れる光の線を＿＿＿＿（電子線）という。

真空放電の実験

〈電極AB間に電圧を加えたとき〉

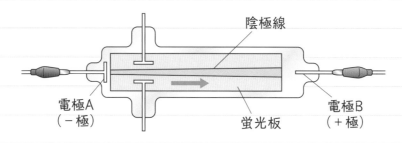

陰極線
電極A（－極）　電極B（＋極）
蛍光板

・陰極線が－極から出て＋極へ直進することがわかる。

〈電極XY間に電圧を加えたとき〉

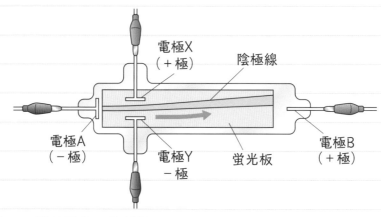

電極X（＋極）　陰極線
電極A（－極）　電極Y－極　蛍光板　電極B（＋極）

・陰極線は，＋極のほうへ曲がる。

➡ 陰極線は＿＿＿＿の電気を帯びたものの流れである。

●−の電気を帯びた，質量をもつ小さな粒子を　　　　　という。

−極から出て，　　　　　極へ向かって直進する。

●陰極線のもととなる粒子は電子である。

静電気と電流の関係

電子の流れである陰極線は，　　　　　極から　　　　　極へ向かう。

電流の流れは，　　　　　極から　　　　　極へ向かう。

Point!

電流の流れる向きと，電子の流れる向きは逆である。

確認問題

(1) 気圧を低くした空間の中を電流が流れる現象を，何といいますか。

〔　　　　　　　　　〕

(2) 陰極線（電子線）のもととなる粒子は何ですか。　　　〔　　　　　　〕

(3) 電子が帯びているのは＋の電気ですか，−の電気ですか。

〔　　　　　　　　　〕

(4) 真空放電管に電圧を加えると，次の図のような明るいすじが見られた。

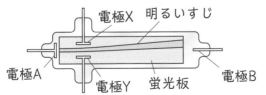

① −極は，電極Aか電極Bのどちらですか。　　　　　〔　　　　　　〕
② −極は，電極Xか電極Yのどちらですか。　　　　　〔　　　　　　〕

8 電流の正体・放射線

電流の正体

●電流の正体は＿＿＿＿＿＿の流れである。

　電流の流れる向きは，電子の移動の向きと＿＿＿＿である。

〈回路に電流が流れていないとき〉

電子は導線の内部を自由に動き回っている。

電子

－極側 ⊂○ ○ ○ ○ ○ ○⊃ ＋極側

〈回路に電流が流れているとき〉

電子は＿＿＿＿＿の電気をもっているので，電子は

　＿＿＿＿極から＿＿＿＿極の向きへ移動する。

－極側 ⊂○ ○ ○ ○ ○ ○⊃ ＋極側

放射線

●Ｘ線，α線，β線，γ線などをまとめて

　＿＿＿＿＿＿＿＿という。

> **memo**
> Ｘ線は，ドイツの科学者レントゲンに
> よって発見された。

●**放射線の性質**

・目に見え＿＿＿＿＿。

・物質を透過する（通り抜ける）性質が＿＿＿＿＿＿ので，

　医療，農業，工業などさまざまな分野で利用されている。

・物質の透過力は，放射線の種類や量により異なっている。

> 体にＸ線を照射して
> 異常の診断をする検
> 査をレントゲン検査
> というよね。

> **これも覚えよう**
> 物質を透過する力は，
> α線＜β線＜γ線，Ｘ線　の順に大きい。

●ウラン，ポロニウム，ラジウムなどの放射線を出す物質を　　　　　　　　　　という。

●放射線を出す能力を　　　　　　　という。

ある量以上の放射線を受けると，

健康な細胞が　　　　　　　ことが

あるので注意が必要。

温泉などの自然にあるものから微量の放射線が出されることもあるよ。

memo
生物が放射線を体にあびることを被曝という。

放射線はしっかり管理する必要があるんだね。

確認問題

(1) 電流の正体は，何の流れですか。　　　　　　　　　　〔　　　　　　〕

(2) 電子は＋極と−極のどちらに引き寄せられますか。　　〔　　　　　　〕

(3) ドイツの科学者レントゲンにより，最初に発見された放射線を何といいますか。
〔　　　　　　〕

(4) 放射線の性質について，正しいものを次から1つ選びなさい。
　ア　目には見えず，物質を透過する能力をもたない。
　イ　目には見えず，物質を透過する能力をもつ。
　ウ　目で見ることができ，物質を透過する能力をもつ。
〔　　　　　　〕

(5) 放射線を出す能力のことを何といいますか。
〔　　　　　　〕

9 磁石の性質とはたらき

磁石の性質

●磁石にはN極と＿＿＿＿＿極がある。

　同じ極どうしを近づけると，反発し合う。

　異なる極どうしを近づけると，＿＿＿＿＿＿＿＿＿。

磁界

●磁力…磁石による力。

> 磁界のことを
> 磁場ともいうね。

●＿＿＿＿＿＿…磁力のはたらく空間。

●磁界の向き…磁石のまわりに置いた，方位磁針の＿＿＿＿＿＿極が指す向き。

●＿＿＿＿＿＿…磁石のN極から出てS極へ向かう，磁界の向きを示す線。

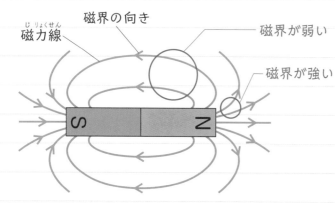

磁界の向き
磁力線
磁界が弱い
磁界が強い
S　N

> 場所によって
> 磁界の強さが
> ちがうね。

磁力線の間隔が広いところほど，磁界が＿＿＿＿＿＿，

磁力線の間隔がせまいところほど，磁界が＿＿＿＿＿＿。

これも覚えよう
磁力線は枝分かれしたり，途中で交わったりしない。

（例題）

右の図は，磁石のまわりの磁力線を表している。

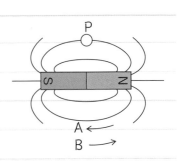

① 図の磁力線の向きは，AとBのどちらですか。

　　磁力線はN極からS極へ向かうので，_____。

② 図のPの位置に方位磁針を置いたとき，

　　方位磁針のようすとして正しいものを次から1つ選びなさい。

 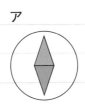 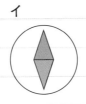  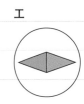

　　磁力線の向きと方位磁針のN極が指す向きが同じなので，_____。

確認問題

(1) 磁石のS極に別の磁石のS極を近づけるとどうなりますか。

〔　　　　　　　　　　〕

(2) 磁石のまわりの，磁力のはたらく空間を何といいますか。

〔　　　　　　　　　　〕

(3) 磁石のN極から出てS極へ向かう，磁界の向きを示す線を何といいますか。

〔　　　　　　　　　　〕

(4) 磁界が強いのは，磁力線の間隔が広いところですか，せまいところですか。

〔　　　　　　　　　　〕

(5) 右の図のPの位置に置いた方位磁針とN極の指す向きが同じになるのは，図の④〜ⓒのうち，どこに方位磁針を置いたときですか。

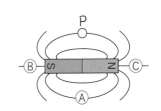

〔　　　　　　〕

10 電流がつくる磁界

電流がつくる磁界

磁界は，磁石のまわりのほかに，

導線やコイルなどの　　　　　　　が流れているもののまわりにもつくられる。

●導線を流れる電流がつくる磁界

〈ねじを回す向きで例えるとき〉

ねじの先端を，電流の進む向きに合わせる。

・ねじの進む向きが　　　　　　の流れる向き

・ねじを回す向きが導線のまわりの　　　　　　の向き

となる。

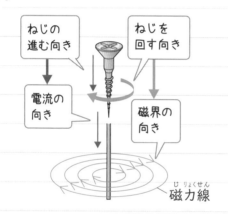

磁力線

〈右手で例えるとき〉

右手の親指の向きを，電流の進む向きに合わせる。

・右手の親指の向きが　　　　　　の流れる向き

・他の4本の指を曲げた向きが　　　　　　の向き

となる。

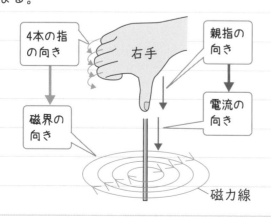

磁力線

使うのは
右の手だよ。

●コイルに流れる電流がつくる磁界

右手の親指以外の4本の指を，コイルを流れる電流の向きに合わせる。

- ・右手の親指の向きが　　　　　　　の向き

- ・他の4本の指を曲げた向きが　　　　　　　の流れる向き

となる。

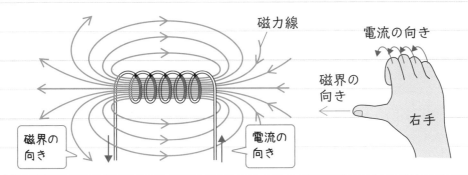

磁力線

電流の向き

磁界の向き

磁界の向き

電流の向き

右手

Point!

親指以外の4本の指の向きが，

コイルを巻いた状態を表す。

手首から指先に向かって電流が流れるイメージだね。

確認問題

(1) 導線のまわりに方位磁針を置き，電流を流すと，方位磁針の針の向きが次の図のようになった。次の問いに答えなさい。

① 電流の流れる向きは，ア，イのどちらですか。　〔　　　　〕

② 磁界の向きは，a，bのどちらですか。

〔　　　　〕

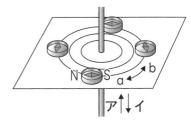

N　S　a　b

ア↑↓イ

(2) コイルのまわりに方位磁針を置き，電流を流すと，方位磁針の針の向きが次の図のようになった。次の問いに答えなさい。

① 電流の流れる向きは，ア，イのどちらですか。　〔　　　　〕

② 磁界の向きは，a，bのどちらですか。

〔　　　　〕

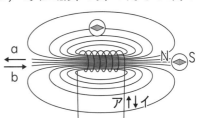

a　b　N　S

ア↑↓イ

11 モーターと発電機のしくみ

電流が磁界から受ける力

【実験】

① 右の図のような装置をつくり，コイル

に矢印 ➡ の向きに電流を流すと，

コイルは矢印 ➡ の力の向きに動いた。

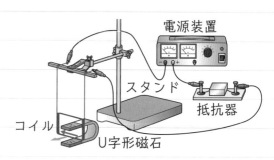

② 電流の向きを逆にすると，

力の向きは ＿＿＿＿＿ 向きになった。

③ 磁界の向きを逆にすると，

力の向きは ＿＿＿＿＿ 向きになった。

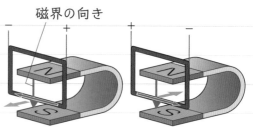

④ 電流の大きさを大きくすると，

導線が受ける力の大きさは

＿＿＿＿＿ なった。

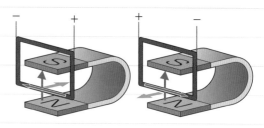

●モーターのしくみ

コイルを流れる電流が磁界から力を受け

て動くしくみを利用し，

コイルが連続して回転する装置が

＿＿＿＿＿ である。

電磁誘導と誘導電流

【実験】

① 右の図のような装置で，N極を下向

きにしてコイルに近づけると，電流

は矢印 ➡ の向きに流れる。

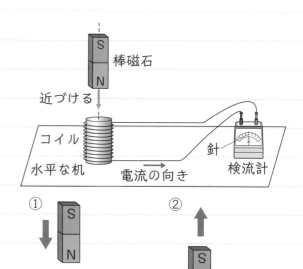

② N極を下向きにしてコイルから遠ざ

けると，電流は①と逆向きに流れる。

③ S極を下向きにしてコイルに近づけると，電流は①と逆向きに流れる。

④ S極を下向きにしてコイルから遠ざけると，電流は①と同じ向きに流れる。

● コイルの磁石を出し入れしたとき，
  コイルの中の磁界が変化してコイルに電流が流れる現象を＿＿＿＿＿＿＿という。
● 電磁誘導によって生じる電流を＿＿＿＿＿＿＿という。

● **発電機のしくみ**

コイルに磁石を近づけたり遠ざけたりすると，電磁誘導により
コイルに＿＿＿＿＿＿＿が流れる。このしくみを利用して電気
エネルギーをとり出す装置が＿＿＿＿＿である。

確認問題

(1) 右の図のような装置で，導線に流れる電流の
向きを変えたとき，力の向きは同じになります
か，逆向きになりますか。

〔　　　　　　　　　　〕

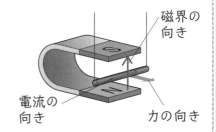

(2) 右上の図のような装置で，磁石の極を入れかえたとき，力の向きは同じになり
ますか，逆向きになりますか。

〔　　　　　　　　　　〕

(3) 右上の図のような装置で，電流の大きさを小さくしたとき，力の大きさはどう
なりますか。

〔　　　　　　　　　　〕

初版
第1刷 2023年6月1日 発行

●編 者
　数研出版編集部
●カバー・表紙デザイン
　株式会社クラップス

発行者　星野　泰也

ISBN978-4-410-15558-1

とにかく基礎 定期テスト準備ノート 中2理科

発行所　数研出版株式会社

〒101-0052 東京都千代田区神田小川町2丁目3番地3
　　　　　〔振替〕00140-4-118431
〒604-0861 京都市中京区烏丸通竹屋町上る大倉町205番地
〔電話〕代表 (075)231-0161
ホームページ https://www.chart.co.jp
印刷　創栄図書印刷株式会社

　　　乱丁本・落丁本はお取り替えいたします　230401

1 物質を加熱したときの変化 ‥‥‥‥‥‥‥‥‥‥‥‥‥‥‥ 4・5ページの解答

熱分解
- ●ある物質が別の物質に変わる変化を　化学変化　という。
- ●分解…1種類の物質が2種類以上の別の物質に分かれる化学変化。
  - 加熱したときに起こる分解を特に，　熱分解　という。

炭酸水素ナトリウムの熱分解

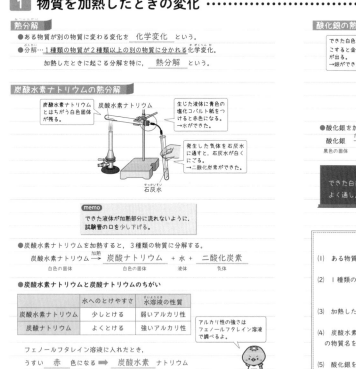

炭酸水素ナトリウムとはちがう白色固体が残る。

炭酸水素ナトリウム

生じた液体に青色の塩化コバルト紙をつけると赤色になる。→水ができた。

発生した気体を石灰水に通すと，石灰水が白くにごる。→二酸化炭素ができた。

石灰水

memo
できた液体が加熱部分に流れないように，試験管の口を少し下げる。

- ●炭酸水素ナトリウムを加熱すると，3種類の物質に分解する。

炭酸水素ナトリウム　→(加熱)　炭酸ナトリウム　+　水　+　二酸化炭素
白色の固体　　　　　　　　　白色の固体　　　液体　　気体

- ●炭酸水素ナトリウムと炭酸ナトリウムのちがい

	水へのとけやすさ	水溶液の性質
炭酸水素ナトリウム	少しとける	弱いアルカリ性
炭酸ナトリウム	よくとける	強いアルカリ性

アルカリ性の強さはフェノールフタレイン溶液で調べるよ。

フェノールフタレイン溶液に入れたとき，
うすい　赤　色になる　➡　炭酸水素　ナトリウム
濃い　赤　色になる　➡　炭酸　ナトリウム

酸化銀の熱分解

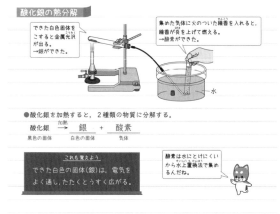

できた白色固体をこすると金属光沢が出る。→銀ができた。

集めた気体に火のついた線香を入れると，線香が炎を上げて燃える。→酸素ができた。

水

- ●酸化銀を加熱すると，2種類の物質に分解する。

酸化銀　→(加熱)　銀　+　酸素
黒色の固体　　　白色の固体　　気体

これも覚えよう
できた白色の固体（銀）は，電気をよく通し，たたくとうすく広がる。

酸化銀は水にとけにくいから水上置換法で集めるんだね。

確認問題
(1) ある物質が別の物質に変わる変化を何といいますか。〔　化学変化　〕

(2) 1種類の物質が2種類以上の別の物質に分かれる(1)を何といいますか。
〔　分解　〕

(3) 加熱したときに起こる(2)を特に何といいますか。〔　熱分解　〕

(4) 炭酸水素ナトリウムを加熱したときにできる物質は何か。炭酸ナトリウム以外の物質名を2つ答えなさい。〔　水　〕，〔　二酸化炭素　〕

(5) 酸化銀を加熱したときにできる物質は何か。物質名を2つ答えなさい。
〔　銀　〕，〔　酸素　〕

---

2 水溶液に電流を流したときの変化 ‥‥‥‥‥‥‥‥‥‥‥‥ 6・7ページの解答

電気分解
- ●電流を流すことで，物質を分解することを　電気分解　という。
  - ・陽極…電源の＋極につないだ電極。
  - ・陰極…電源の－極につないだ電極。

水に電流を流すとどうなるのかな？

水の電気分解

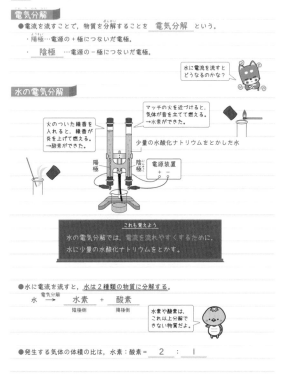

マッチの火を近づけると，気体が音を立てて燃える。→水素ができた。

火のついた線香を入れると，線香が炎を上げて燃える。→酸素ができた。

少量の水酸化ナトリウムをとかした水

陽極　陰極

電源装置

これも覚えよう
水の電気分解では，電流を流れやすくするために，水に少量の水酸化ナトリウムをとかす。

- ●水に電流を流すと，水は2種類の物質に分解する。

水　→(電気分解)　水素　+　酸素
　　　　　　　　陰極側　　　陽極側

水素や酸素は，これ以上分解できない物質だよ。

- ●発生する気体の体積の比は，水素：酸素＝　2　：　1

塩化銅の電気分解

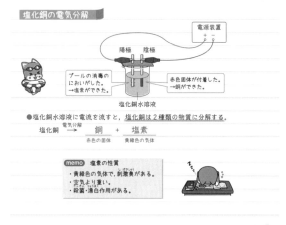

電源装置

陽極　陰極

プールの消毒のにおいがした。→塩素ができた。

赤色固体が付着した。→銅ができた。

塩化銅水溶液

- ●塩化銅水溶液に電流を流すと，塩化銅は2種類の物質に分解する。

塩化銅　→(電気分解)　銅　+　塩素
赤色の固体　　　　　　赤色の固体　　黄緑色の気体

memo　塩素の性質
- ・黄緑色の気体で，刺激臭がある。
- ・空気より重い。
- ・殺菌・漂白作用がある。

確認問題
(1) 電流を流すことで，物質を分解することを何といいますか。〔　電気分解　〕

(2) 少量の水酸化ナトリウムをとかした水に電流を流したとき，陰極と陽極から発生した気体は何か。物質名をそれぞれ答えなさい。
陰極〔　水素　〕陽極〔　酸素　〕

(3) 塩化銅水溶液に電流を流したとき，陰極に付着した物質は何か。物質名を答えなさい。〔　銅　〕

(4) 塩化銅水溶液に電流を流したとき，陽極から発生した気体は何か。物質名を答えなさい。〔　塩素　〕

3 原子 ·· 8・9 ページの解答

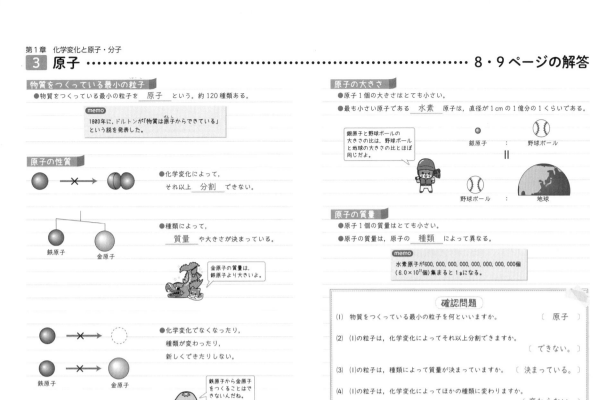

物質をつくっている最小の粒子
- 物質をつくっている最小の粒子を 原子 という。約120種類ある。

memo
1803年に，ドルトンが「物質は原子からできている」という説を発表した。

原子の性質
- 化学変化によって，それ以上 分割 できない。
- 種類によって，質量 や大きさが決まっている。

鉄原子　金原子

金原子の質量は，鉄原子より大きいよ。

- 化学変化でなくなったり，種類が変わったり，新しくできたりしない。

鉄原子　金原子

鉄原子から金原子をつくることはできないんだね。

原子の大きさ
- 原子1個の大きさはとても小さい。
- 最も小さい原子である 水素 原子は，直径が1cmの1億分の1くらいである。

銀原子と野球ボールの大きさの比は，野球ボールと地球の大きさの比とほぼ同じだよ。

銀原子　：　野球ボール
=
野球ボール　：　地球

原子の質量
- 原子1個の質量はとても小さい。
- 原子の質量は，原子の 種類 によって異なる。

memo
水素原子が600,000,000,000,000,000,000,000個（6.0×10^{23}個）集まると1gになる。

確認問題
(1) 物質をつくっている最小の粒子を何といいますか。　〔 原子 〕
(2) (1)の粒子は，化学変化によってそれ以上分割できますか。　〔 できない。 〕
(3) (1)の粒子は，種類によって質量が決まっていますか。　〔 決まっている。 〕
(4) (1)の粒子は，化学変化によってほかの種類に変わりますか。　〔 変わらない。 〕
(5) (1)の粒子は，化学変化によって新しくできますか。　〔 できない。 〕

4 分子 ·· 10・11 ページの解答

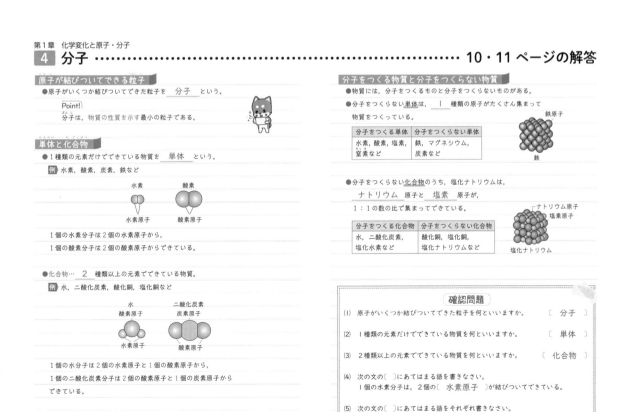

原子が結びついてできる粒子
- 原子がいくつか結びついてできた粒子を 分子 という。

Point!
分子は，物質の性質を示す最小の粒子である。

単体と化合物
- 1種類の元素だけでできている物質を 単体 という。

例 水素，酸素，炭素，鉄など

水素　酸素

水素原子　酸素原子

1個の水素分子は2個の水素原子から，
1個の酸素分子は2個の酸素原子からできている。

- 化合物… 2 種類以上の元素でできている物質。

例 水，二酸化炭素，酸化銅，塩化銅など

水　二酸化炭素
酸素原子　炭素原子

水素原子　酸素原子

1個の水分子は2個の水素原子と1個の酸素原子から，
1個の二酸化炭素分子は2個の酸素原子と1個の炭素原子からできている。

分子をつくる物質と分子をつくらない物質
- 物質には，分子をつくるものと分子をつくらないものがある。
- 分子をつくらない単体は， 1 種類の原子がたくさん集まって物質をつくっている。

分子をつくる単体	分子をつくらない単体
水素，酸素，塩素，窒素など	鉄，マグネシウム，炭素など

鉄原子

鉄

- 分子をつくらない化合物のうち，塩化ナトリウムは，ナトリウム 原子と 塩素 原子が，1：1の数の比で集まってできている。

分子をつくる化合物	分子をつくらない化合物
水，二酸化炭素，塩化水素など	酸化銅，塩化銅，塩化ナトリウムなど

ナトリウム原子
塩素原子

塩化ナトリウム

確認問題
(1) 原子がいくつか結びついてできた粒子を何といいますか。　〔 分子 〕
(2) 1種類の元素だけでできている物質を何といいますか。　〔 単体 〕
(3) 2種類以上の元素でできている物質を何といいますか。　〔 化合物 〕
(4) 次の文の〔 〕にあてはまる語を書きなさい。
　1個の水素分子は，2個の〔 水素原子 〕が結びついてできている。
(5) 次の文の〔 〕にあてはまる語をそれぞれ書きなさい。
　1個の水分子は，2個の〔 水素原子 〕と1個の〔 酸素原子 〕が結びついてできている。

5 元素記号 ･･ 12・13 ページの解答

- 物質を構成する原子の種類を　元素　という。
- 元素を表す記号を　元素記号　という。約120種類ある。

Point!
元素記号はアルファベット１文字か２文字で表す。

水素
H
読み方「エイチ」

鉄
Fe
読み方「エフ・イー」

元素	元素記号	元素	元素記号
水素	H	ナトリウム	Na
炭素	C	マグネシウム	Mg
窒素	N	鉄	Fe
酸素	O	銅	Cu
硫黄	S	亜鉛	Zn
塩素	Cl	銀	Ag

非金属の元素　　　　金属の元素

例　酸素の元素記号とその読み方
　　　　記号 … O
　　　　読み方…「オウ」

例　ナトリウムの元素記号とその読み方
　　　　記号 … Na
　　　　読み方…「エヌ・エー」

元素の周期表

- 元素を整理して並べた表を　周期表　という。
　原子番号の順に元素が並べられている。

族周期	1	2	3	4	5	6	7	8	9	10	11	12	13	14	15	16	17	18
1	H																	He
2	Li	Be											B	C	N	O	F	Ne
3	Na	Mg											Al	Si	P	S	Cl	Ar
4	K	Ca	Sc	Ti	V	Cr	Mn	Fe	Co	Ni	Cu	Zn	Ga	Ge	As	Se	Br	Kr
…	…	…																

memo
周期表は1869年にロシアのメンデレーエフが発表した。

確認問題

(1) 物質を構成する原子の種類を何といいますか。　〔　元素　〕

(2) (1)を整理して並べた表を何といいますか。　〔　周期表　〕

(3) 1869 年に，(2)を発表したロシアの科学者の名前を答えなさい。
　〔　メンデレーエフ　〕

(4) 次の元素の元素記号をそれぞれ答えなさい。
① 炭素〔　C　〕　　② 窒素〔　N　〕
③ 硫黄〔　S　〕　　④ マグネシウム〔　Mg　〕

(5) 次の元素記号が表す元素の名前をそれぞれ答えなさい。
① Cl〔　塩素　〕　　② Zn〔　亜鉛　〕
③ Cu〔　銅　〕　　④ Ag〔　銀　〕

---

6 化学式 ･･ 14・15 ページの解答

- 物質を元素記号と数字を使って表したものを　化学式　という。
　すべての物質は化学式で表すことができる。

分子をつくる物質の表し方

・水素

水素原子
→ H_2
水素原子の数を右下に小さく書く。

・水

酸素原子
水素原子
→ HOH → H_2O
１個の場合の１は省略する。

分子をつくらない物質の表し方

・銀
Ag
単体という。
銀のように，1種類の元素の原子がたくさん集まってできている物質の化学式は，その元素記号で表す。

・塩化ナトリウム
NaCl
塩化ナトリウムは，ナトリウム原子と塩素原子が１：１の数の比でできているので，NaCl と表す。

例　酸素分子を表す化学式… O_2

例　酸化銀を表す化学式… Ag_2O

酸化銀は，銀原子と酸素原子が２：１の数の比でできているよ。

さまざまな化学式

物質名	化学式	物質名	化学式
水素	H_2	酸素	O_2
水	H_2O	二酸化炭素	CO_2
アンモニア	NH_3	窒素	N_2
鉄	Fe	銀	Ag
塩化ナトリウム	NaCl	銅	Cu
塩化銅	$CuCl_2$	酸化銀	Ag_2O
酸化銅	CuO	水酸化ナトリウム	NaOH

これも覚えよう

		分子をつくる物質		分子をつくらない物質	
物質	純粋な物質 単体	H_2	O_2	Ag	Fe
	化合物 混合物	H_2O	CO_2	NaCl	$CuCl_2$

確認問題

(1) 物質を元素記号と数字を使って表したものを何といいますか。
　〔　化学式　〕

(2) 次の文の〔　〕にあてはまる数をそれぞれ書きなさい。
　１個のアンモニア分子は，〔　1　〕個の窒素原子と〔　3　〕個の水素原子が結びついてできている。

(3) 次の物質を表す化学式をそれぞれ答えなさい。
① 水素　〔　H_2　〕　　② 窒素　〔　N_2　〕
③ 二酸化炭素〔　CO_2　〕　　④ 鉄　〔　Fe　〕
⑤ 銅　〔　Cu　〕　　⑥ 塩化銅〔　$CuCl_2$　〕
⑦ 酸化銅〔　CuO　〕　　⑧ 水酸化ナトリウム〔　NaOH　〕

7 化学反応式 ···································· 16・17 ページの解答

化学反応式

●化学反応式… 化学式 を使って化学変化のようすを表した式。
元素記号と数字を使って表す。

●化学反応式のつくり方（水の電気分解）

① 「反応前のすべての物質 → 反応後のすべての物質」と表す。

水 ⟶ 水素 酸素

② それぞれの物質を化学式で表し、複数ある場合は「＋」でつなぐ。

$$H_2O \longrightarrow H_2 + O_2$$

③ 矢印の左右で酸素原子 O の数を等しくするために、
左側に水分子 H_2O を 1 個追加する。

$$\begin{array}{c}H_2O\\H_2O\end{array} \longrightarrow H_2 + O_2$$

④ 矢印の左右で水素原子 H の数を等しくするために、
右側に水素分子 H_2 を 1 個追加する。

$$\begin{array}{c}H_2O\\H_2O\end{array} \longrightarrow \begin{array}{c}H_2\\H_2\end{array} + O_2$$

これで、水の電気分解の化学反応式をつくれたね。

⑤ 同じ化学式で表されるものが複数あるときは、
その数を化学式の前につけてまとめる。

$$2H_2O \longrightarrow 2H_2 + O_2$$

分子の数を化学式の左に書く。

1 個の場合の 1 は省略する。

例 酸化銀の熱分解を表す化学反応式

① 「反応前のすべての物質 → 反応後のすべての物質」と表す。

酸化銀 ⟶ 銀 酸素

② それぞれの物質を化学式で表し、複数ある場合は「＋」でつなぐ。

$$Ag_2O \longrightarrow Ag + O_2$$

③ 矢印の左右で酸素原子 O の数を等しくするために、
左側に酸化銀の化学式 Ag_2O を 1 個追加する。

$$\begin{array}{c}Ag_2O\\Ag_2O\end{array} \longrightarrow Ag + O_2$$

④ 矢印の左右で銀原子 Ag の数を等しくするために、
右側に銀原子 Ag を 3 個追加する。

$$\begin{array}{c}Ag_2O\\Ag_2O\end{array} \longrightarrow \begin{array}{cc}Ag & Ag\\Ag & Ag\end{array} + O_2$$

⑤ 同じ化学式で表されるものが複数あるときは、
その数を化学式の前につけてまとめる。

$$2\,Ag_2O \longrightarrow 4\,Ag + O_2$$

確認問題

(1) 次の〔 〕にあてはまる化学式を書いて、塩化銅水溶液の電気分解を表す化学反応式を完成させなさい。
$$CuCl_2 \rightarrow Cu + [\ Cl_2\ ]$$

(2) 次の〔 〕にあてはまる数や化学式を書いて、炭酸水素ナトリウムの熱分解を表す化学反応式を完成させなさい。
$$[\ 2\ ]NaHCO_3 \rightarrow Na_2CO_3 + CO_2 + [\ H_2O\ ]$$

---

8 物質どうしが結びつく変化 ···················· 18・19 ページの解答

鉄と硫黄が結びつく反応

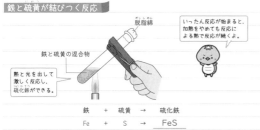

脱脂綿

鉄と硫黄の混合物

熱と光を出して激しく反応し、硫化鉄ができる。

いったん反応が始まると、加熱をやめても反応による熱で反応が続くよ。

鉄 ＋ 硫黄 → 硫化鉄
Fe ＋ S → FeS

memo
硫化鉄は、鉄原子と硫黄原子が 1：1 の数の比でできている。

●加熱前と加熱後の物質の性質のちがい

	磁石を近づける	塩酸を加える
加熱前の物質 （鉄と硫黄の混合物）	鉄が磁石につく	においのない気体 （水素）が発生
加熱後の物質 （硫化鉄）	磁石につかない	においのある気体 （硫化水素）が発生

・加熱前の物質は磁石に つく 。
加熱前の物質にうすい塩酸を加えると、においの ない 気体が発生する。

・加熱後の物質は磁石に つかない 。
加熱後の物質にうすい塩酸を加えると、においの ある 気体が発生する。

➡ 加熱前の物質とは性質の異なる物質（硫化鉄）ができた。

銅と硫黄が結びつく反応

硫黄の蒸気の中に銅線を入れると、硫化銅 ができる。

銅 ＋ 硫黄 → 硫化銅
Cu ＋ S → CuS

硫化銅は、銅原子と硫黄原子が 1：1 の数の比で結びついているよ。

水素と酸素が結びつく反応

水素と酸素の混合気体に火をつけると、水 ができる。

水素 ＋ 酸素 → 水
$2H_2$ ＋ O_2 → $2H_2O$

これも覚えよう
水ができたことの確認
できた液体に青色の塩化コバルト紙をつける
→赤色になる

水素と酸素の反応は、爆発的に起こるよ。

確認問題

(1) 鉄と硫黄の混合物を加熱するとできる物質は何か。物質名を答えなさい。
〔 硫化鉄 〕

(2) (1)の物質は磁石につきますか、つきませんか。 〔 つかない。 〕

(3) 加熱前の物質（鉄と硫黄の混合物）、(1)の物質にうすい塩酸を加えるとどうなるか。次からそれぞれ選びなさい。
ア においのある気体が発生する。
イ においのない気体が発生する。
加熱前の物質〔 イ 〕 (1)の物質〔 ア 〕

(4) 水素と酸素が結びつく化学変化を表す化学反応式を書きなさい。
〔 $2H_2$ ＋ O_2 → $2H_2O$ 〕

確認問題

(1) 鉄と硫黄の混合物を加熱すると，鉄と硫黄が結びついて硫化鉄ができる。硫化鉄は，鉄とも硫黄とも異なる物質である。（加熱により化学変化が起こる。）

(2) 鉄は磁石につく性質がある。加熱後にできる硫化鉄は鉄とは異なる物質なので，磁石につかない。一方，加熱する前の鉄と硫黄の混合物は，鉄をふくむので，磁石につく。

(3) 加熱前の物質にうすい塩酸を加えると，混合物中の鉄がうすい塩酸と反応して，においのない水素が発生する。一方，加熱後の物質にうすい塩酸を加えると，硫化鉄がうすい塩酸と反応して，においのある硫化水素が発生する。
　　◀‥‥‥‥卵の腐ったようなにおいがする。

(4) 水素 H_2 と酸素 O_2 が結びつくと，水 H_2O ができる。化学反応式は，矢印で化学変化を表し，反応前と反応後で原子の種類と数が等しくなるように係数をつける。

$$2H_2 + O_2 \rightarrow 2H_2O$$

この場合，H原子の数は4つずつ，O原子の数は2つずつになっている。

第1章 化学変化と原子・分子

化学変化のまとめ

● 鉄と硫黄が結びつく反応

鉄と硫黄の混合物を加熱すると，化学変化が起こり，硫化鉄ができる。

$$Fe + S \rightarrow FeS$$

化学変化でできた物質は，加熱前の物質とは性質の異なる別の物質である。

・鉄の性質

磁石につき，うすい塩酸を加えるとにおいのない水素が発生する。

・硫化鉄の性質

磁石につかず，うすい塩酸を加えるとにおいのある硫化水素が発生する。

● 銅と硫黄が結びつく反応

硫黄の蒸気に銅を入れると，硫化銅ができる。

$$Cu + S \rightarrow CuS$$

● 水素と酸素が結びつく反応

水素と酸素の混合気体に火をつけると，水ができる。

$$2H_2 + O_2 \rightarrow 2H_2O$$

---

9 酸化と還元 ········· 20・21 ページの解答

酸化

● 物質が酸素と結びつくことを　酸化　という。

例 銅の酸化

$$2Cu + O_2 \rightarrow 2CuO$$
銅　　酸素　　酸化銅
（赤色）　　　（黒色）

酸化銅は，銅原子と酸素原子が1：1の数の比でできているよ。

● 燃焼…物質が，熱や　光　を出しながら激しく酸化すること。

例 マグネシウムの酸化

光・熱

マグネシウムリボン

$$2Mg + O_2 \rightarrow 2MgO$$
マグネシウム　酸素　酸化マグネシウム

酸化マグネシウムも，マグネシウム原子と酸素原子が1：1の数の比でできているよ。

還元

● 酸化物から酸素がうばわれる化学変化を　還元　という。

例 酸化銅の還元

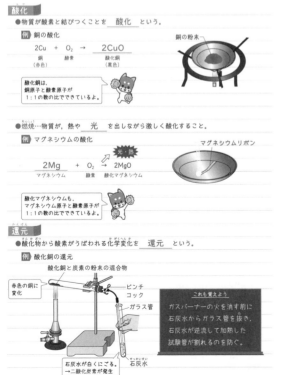

酸化銅と炭素の粉末の混合物

赤色の銅に変化

ピンチコック

ガラス管

赤色の銅に変化

これも覚えよう
ガスバーナーの火を消す前に石灰水からガラス管を抜き，石灰水が逆流して加熱した試験管が割れるのを防ぐ。

石灰水

石灰水が白くにごる。
→二酸化炭素が発生

● 酸化銅と炭素の混合物を加熱すると，酸化銅は　還元　されて銅になり，炭素は酸化されて　二酸化炭素　になる。

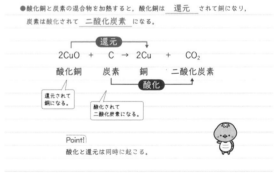

還元

$$2CuO + C \rightarrow 2Cu + CO_2$$
酸化銅　　炭素　　銅　　二酸化炭素

酸化

還元されて銅になる。

酸化されて二酸化炭素になる。

Point!
酸化と還元は同時に起こる。

確認問題

(1) 物質が，熱や光を出しながら激しく酸素と結びつくことを何といいますか。
〔 燃焼 〕

(2) 酸化物から酸素がうばわれる化学変化を何といいますか。
〔 還元 〕

(3) 酸化物と炭素の粉末の混合物を加熱すると発生する気体は何か。物質名を答えなさい。
〔 二酸化炭素 〕

(4) 黒色の酸化銅と炭素の粉末の混合物を加熱すると，加熱後の物質は何色に変化しますか。
〔 赤色 〕

(5) 次の文の〔 〕にあてはまる語をそれぞれ書きなさい。
酸化銅と炭素の粉末の混合物を加熱すると，酸化銅は〔 還元 〕され，炭素は〔 酸化 〕される。

10 化学変化と熱の出入り ・・・・・・・・・・・・・・・・・・・・・・・・・・・・・・・・・・・・・・ 22・23 ページの解答

発熱反応

●熱を放出し，まわりの温度を上げる化学変化を　発熱反応　という。

・鉄の酸化

鉄粉，活性炭，食塩水を混ぜると，鉄が空気中の　酸素　と反応して熱を放出する。

➡ まわりの温度が　上がる　。

鉄　＋　酸素　→　酸化鉄

この反応が化学かいろに利用されているよ。

・そのほかの発熱反応の例

マグネシウムの燃焼　$2Mg + O_2 →$　$2MgO$

有機物の燃焼　$CH_4 + 2O_2 → CO_2 + 2H_2O$
　　　　　　　メタン

鉄と硫黄の反応　$Fe + S →$　FeS

吸熱反応

●周囲の熱を吸収し，まわりの温度を下げる化学変化を　吸熱反応　という。

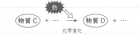

・水酸化バリウムと塩化アンモニウムの反応

水酸化バリウムと塩化アンモニウムが反応するときに，周囲の熱を吸収する。

➡ まわりの温度が　下がる　。

水でぬらしたろ紙をビーカーにかぶせるのは，発生するアンモニアを吸着させるためだよ。

水酸化バリウム ＋ 塩化アンモニウム → 塩化バリウム ＋ アンモニア ＋ 水

・そのほかの吸熱反応の例

炭酸水素ナトリウムとクエン酸の反応

確認問題

(1) 熱を放出し，まわりの温度を上げる化学変化を何といいますか。
〔　発熱反応　〕

(2) 次の文の〔　〕にあてはまる語をそれぞれ書きなさい。
鉄粉，活性炭，食塩水を混ぜると，鉄が空気中の酸素と反応するときに熱を〔　放出　〕し，温度が〔　上がる　〕。

(3) 周囲の熱を吸収し，まわりの温度を下げる化学変化を何といいますか。
〔　吸熱反応　〕

(4) 次の文の〔　〕にあてはまる語をそれぞれ書きなさい。
水酸化バリウムと塩化アンモニウムが反応するとき，熱を〔　吸収　〕し，温度が〔　下がる　〕。

---

11 化学変化と質量保存の法則 ・・・・・・・・・・・・・・・・・・・・・・・・・・・ 24・25 ページの解答

質量保存の法則

●化学変化の前後で，物質全体の質量は変わらないことを　質量保存の法則　という。

memo
質量保存の法則は，化学変化だけでなく，状態変化などのすべての物質の変化で成り立つ。

●気体が発生する反応

密閉容器内で，炭酸水素ナトリウムにうすい塩酸を加えると，塩化ナトリウムと　二酸化炭素　と水ができる化学変化が起こる。

$$NaHCO_3 + HCl → NaCl + CO_2 + H_2O$$
炭酸水素ナトリウム　塩酸　塩化ナトリウム　二酸化炭素　水

化学変化の前後で物質全体の質量は　変わらない　が，容器のふたをゆるめると，二酸化炭素が逃げて，質量が小さくなる。

二酸化炭素が発生。→容器のふたをゆるめると，二酸化炭素が容器の外に逃げて，質量が小さくなる。

反応前　　　反応後

反応の前後で，質量は変わらない。

気体が発生する反応も，密閉容器内で行えば，反応の前後で質量は変わらないんだね。

●沈殿ができる反応

うすい塩化バリウム水溶液にうすい硫酸を加えると，硫酸バリウム　の白い沈殿ができる化学変化が起こる。

その化学変化の前後で物質全体の質量は　変わらない　。

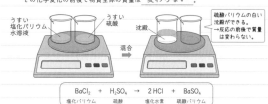

硫酸バリウムの白い沈殿ができる。→反応の前後で質量は変わらない。

うすい塩化バリウム水溶液　うすい硫酸　沈殿　混合

$$BaCl_2 + H_2SO_4 → 2HCl + BaSO_4$$
塩化バリウム　硫酸　塩化水素　硫酸バリウム

レントゲン撮影のときに飲むバリウムは，硫酸バリウムのことなんだよ。

確認問題

(1) 化学変化の前後で，物質全体の質量は変わらないことを何の法則といいますか。
〔　質量保存　の法則〕

(2) 次の文の〔　〕にあてはまる語をそれぞれ書きなさい。
密閉容器内で，炭酸水素ナトリウムにうすい塩酸を加えると，気体の〔　二酸化炭素　〕が発生するが，その化学変化の前後で物質全体の質量は〔　変わらない　〕。

(3) 次の文の〔　〕にあてはまる語をそれぞれ書きなさい。
うすい塩化バリウム水溶液にうすい硫酸を加えると，〔　硫酸バリウム　〕の白い沈殿ができるが，その化学変化の前後で物質全体の質量は〔　変わらない　〕。

化学変化と質量の割合

●化学変化において，反応する物質の質量の割合はつねに一定である。

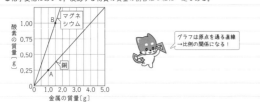

グラフは原点を通る直線
→比例の関係になる！

●銅と酸素の反応

$$2Cu + O_2 \rightarrow 2CuO$$

グラフのA点より，銅 1.0 g と結びつく酸素は　0.25　g

縦軸の目盛りを読みとる。

➡ 銅：酸素＝ 1.0：0.25 ＝　4　：　1　の比で結びつく。

銅 4.0 g と結びつく酸素は　1.0　g で，

このときできる酸化銅は　5.0　g である。

4.0＋1.0

●マグネシウムと酸素の反応

$$2Mg + O_2 \rightarrow 2MgO$$

グラフのB点より，マグネシウム 1.5 g と結びつく酸素は　1.00　g

➡ マグネシウム：酸素＝ 1.5：1.0 ＝　3　：　2　の比で結びつく。

マグネシウム 3.0 g と結びつく酸素は　2.0　g で，

このときできる酸化マグネシウムは　5.0　g である。

memo
どちらかの物質が多くある場合は，多いほうの物質が残る。

例　マグネシウムを空気中で十分に加熱して完全に酸化させたときの，マグネシウムの質量と酸化物の質量の関係

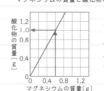

マグネシウム 0.6 g を酸化させると，

　1.0　g の酸化マグネシウムができ，

　1.0 [g] － 0.6 [g] ＝ 0.4 [g]

より，0.4 g の酸素が結びついたことがわかる。

マグネシウムの質量と結びつく酸素の質量の比を最も簡単な整数で表すと，

マグネシウム：酸素＝ 0.6：0.4 ＝　3　：　2

確認問題

(1) 右のグラフより，銅 0.8 g が完全に酸化すると，何 g の酸化銅ができますか。
〔　1.0　g 〕

(2) 銅 0.8 g と結びつく酸素の質量は何 g ですか。
1.0 [g] － 0.8 [g] 〔　0.2　g 〕
= 0.2 [g]

(3) 銅の質量と結びつく酸素の質量の比を，最も簡単な整数の比で書きなさい。
銅：酸素＝ 0.8：0.2 ＝ 4：1
銅：酸素＝〔　4　：　1　〕

(4) 銅 1.2 g と結びつく酸素の質量は何 g ですか。(3)の比を使って求めなさい。
結びつく酸素の質量を x [g] とすると，
1.2 [g]：x [g] ＝ 4：1　　x = 0.3 [g]
〔　0.3　g 〕

解説 第1章 12 化学変化と質量の割合

確認問題

(1)　グラフから，銅の質量が 0.8 g のときの酸化銅の質量を読みとると 1.0 g である。化学変化において，反応する物質の質量とできる物質の質量の比はつねに一定である。

(2)　(1)より，銅 0.8 g から酸化銅 1.0 g ができたことがわかるので，結びついた酸素の質量は，
1.0 [g] － 0.8 [g] ＝ 0.2 [g]

(3)　(2)より，銅 0.8 g と結びつく酸素の質量は 0.2 g である。したがって，
銅の質量と結びつく酸素の質量の比は，
0.8：0.2 ＝ 4：1

(4)　銅の質量と結びつく酸素の質量の比はつねに一定である。よって，(3)より，1.2 g の銅と結びつく酸素の質量を x [g] とすると，
1.2 [g]：x [g] ＝ 4：1　より，x = 0.3 [g]
$x = \frac{1.2 \times 1}{4} = 0.3$

化学変化と質量の割合のまとめ

●化学変化と質量の割合
化学変化において，反応する物質の質量の割合はつねに一定。反応する物質のいずれかが多くある場合は多いほうの物質が残る。

●銅と酸素の反応
銅と酸素が結びつくと，酸化銅ができる。
$2Cu + O_2 \rightarrow 2CuO$ 銅原子2個と酸素分子1個が反応する。

(例) 銅 0.8 g と酸素 0.2 g が結びつき，酸化銅 1.0 g ができる。

⇒ 銅の質量と結びつく酸素の質量の比は，つねに 4：1 である。

●マグネシウムと酸素の反応
マグネシウムと酸素が結びつくと，酸化マグネシウムができる。
$2Mg + O_2 \rightarrow 2MgO$ マグネシウム原子2個と酸素分子1個が反応する。

(例) マグネシウム 3.0 g と酸素 2.0 g が結びつき，酸化マグネシウム 5.0 g ができる。

⇒ マグネシウムの質量と結びつく酸素の質量は，つねに 3：2 である。

1 生物と細胞・細胞のはたらき ･････････････････････････ 28・29 ページの解答

生物の体と細胞

- 多くの植物や動物の体は，　細胞　という小さな部屋のようなものが集まってできている。
- 単細胞生物…体が　1　個の細胞だけでできている生物。

  例 ゾウリムシ，ミカヅキモ，アメーバ
- 多細胞生物　…体が多くの細胞でできている生物。

  例 ヒト，ホウセンカ，ミジンコ
- 形やはたらきが同じ細胞が集まって　組織　をつくり，それらが集まって特定のはたらきをする　器官　になる。さらにそれらが集まって1つの　個体　になる。

細胞のつくり

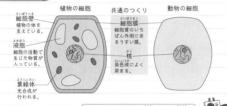

植物の細胞　　共通のつくり　　動物の細胞

- 細胞壁…植物の体を支えている。
- 細胞膜…細胞質のいちばん外側にあるうすい膜。
- 核…染色液によく染まる。
- 液胞…細胞の活動で生じた物質が入っている。
- 葉緑体…光合成が行われる。

核を染める染色液には，酢酸カーミン溶液や酢酸オルセイン溶液があるよ。

- 核と　細胞膜　は，動物の細胞と植物の細胞に共通するつくりである。
- 植物の細胞には，動物の細胞では見られないつくりがある。
  - ・細胞壁…植物の体を支えている。
  - ・液胞　…成長した細胞で見られ，細胞の活動で生じた物質が入っている。
  - ・葉緑体…緑色の粒。栄養分をつくり出す。
- 核と細胞壁以外の部分を　細胞質　という。

細胞のはたらき

酸素＋栄養分　　二酸化炭素＋水

1つの細胞

- 細胞呼吸…細胞内で，　酸素　を使って栄養分を分解し，エネルギーを取り出すはたらきのこと。分解後に，　二酸化炭素　と水ができる。

memo
植物は光を受けて栄養分をつくり出しているが，動物はほかの生物を食べて栄養分を得ている。

植物も動物も，1つ1つの細胞が，細胞呼吸をしているんだね。

確認問題

(1) 細胞のつくりで，ふつう細胞に1個あり，酢酸カーミン溶液などの染色液によく染まるつくりを何といいますか。

〔　核　〕

(2) 植物の細胞に見られる緑色の粒で，栄養分をつくり出すはたらきをするつくりを何といいますか。

〔　葉緑体　〕

(3) 細胞内で，酸素を使って栄養分を分解し，エネルギーを取り出すはたらきのことを何といいますか。

〔　細胞呼吸　〕

(4) (3)のはたらきをするときに発生する物質の物質名を2つ答えなさい。

〔　水　〕，〔　二酸化炭素　〕

---

2 植物の体のつくりとはたらき ･･････････････････････････ 30・31 ページの解答

光合成と呼吸

- 植物が光を受けて，　水　と　二酸化炭素　から，デンプンなどの栄養分をつくるはたらきを　光合成　という。このとき　酸素　もできる。
- 光合成は細胞の中にある　葉緑体　で行われる。

水 ＋ 二酸化炭素 →（光）葉緑体→ デンプンなど ＋ 酸素

根から　　空気中から　気孔　　　　　　　　気孔　空気中へ

植物も，動物と同じように呼吸を行っている。

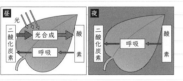

昼　光　光合成　酸素　二酸化炭素　呼吸

夜　二酸化炭素　呼吸　酸素

昼…光合成と呼吸を行うが，呼吸より　光合成　のほうがさかんに行われる。
夜…呼吸のみを行う。

茎のつくり

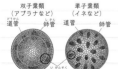

双子葉類（アブラナなど）　道管　師管　維管束
単子葉類（イネなど）　道管　師管

- 根から吸い上げられた水や水にとけた養分が通る管を　道管　という。
- 葉でつくられた栄養分が通る管を　師管　という。
- 道管と師管が集まって，束のようになった部分を　維管束　という。

Point!
双子葉類…茎の維管束は輪のように並ぶ。
単子葉類…茎の維管束は，茎の断面全体に散らばっている。

葉のつくり

表側　細胞　道管　師管　葉緑体　葉脈　葉肉（維管束）　裏側

気孔　孔辺細胞

- 維管束は茎だけでなく葉にも通っていて，　葉脈　とよばれる。
- 葉の表皮にある，2つの三日月形の孔辺細胞に囲まれたすきまを　気孔　という。気孔は水蒸気の出口，二酸化炭素と酸素の出入り口である。

memo
気孔はふつう，葉の裏側に多い。

- 蒸散…葉に運ばれた水が，　水蒸気　となって空気中に出ていく現象。おもに葉にある　気孔　で行われる。

蒸散は，葉の裏側だけではなく，葉の表側や茎でも行われるよ。

確認問題

(1) 植物が光を受けて，デンプンなどの栄養分をつくるはたらきを何といいますか。

〔　光合成　〕

(2) 根から吸い上げられた水や水にとけた養分が通る管を何といいますか。

〔　道管　〕

(3) (2)と栄養分が通る管が集まって，束のようになった部分を何といいますか。

〔　維管束　〕

(4) 葉に運ばれた水が，水蒸気となって空気中に出ていく現象を何といいますか。

〔　蒸散　〕

確認問題

(1) 光合成は，植物が太陽などの光を受けて，水と二酸化炭素からデンプンなどの栄養分をつくるはたらきである。デンプンは，水にとけやすい物質にされてから体全体に運ばれる。

(2) 根から吸い上げられた水や水にとけた養分が通る管を道管という。一方，葉でつくられた栄養分が通る管を師管という。

(3) 道管と師管が集まって束のようになった部分を維管束という。被子植物の双子葉類と単子葉類では，茎の維管束の並び方が異なっている。葉の維管束は葉脈ともよばれ，葉の表側に近いほうに道管が，裏側に近いほうに師管がある。

(4) 蒸散はおもに気孔で行われる。気孔は三日月形の孔辺細胞に囲まれたすきまのことで，ふつう，葉の裏側に多い。

光合成，呼吸，維管束のまとめ

● 光合成

植物が太陽などの光を受けて，細胞の中にある葉緑体で，水と二酸化炭素からデンプンなどの栄養分をつくるはたらき。 ふつう，動物の細胞には葉緑体がない。

● 呼吸

酸素をとり入れ，二酸化炭素を出すはたらき。

・昼：呼吸よりも光合成のほうがさかんに行われるので，酸素が多く出される。

・夜：呼吸のみ行う。二酸化炭素が出される。

● 維管束 維管束は，根から茎，葉にかけてつながっている。

道管と師管が集まって束のようになった部分。

・道管

根から吸い上げられた水や水にとけた養分が通る管。

・師管

葉でつくられた栄養分が通る管。

● 蒸散

葉に運ばれた水が，水蒸気となって空気中に出ていく現象。おもに葉の気孔で行われる。

第2章 生物の体のつくりとはたらき
3 栄養分をとり入れるしくみ ………………………………… 32・33 ページの解答

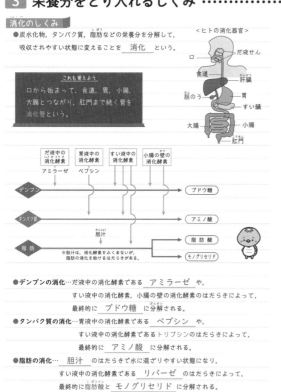

消化のしくみ

● 炭水化物，タンパク質，脂肪などの栄養分を分解して，吸収されやすい状態に変えることを 消化 という。

これも覚えよう
口から始まって，食道，胃，小腸，大腸とつながり，肛門まで続く管を消化管という。

<ヒトの消化器官>
だ液せん／口／食道／肝臓／胆のう／胃／すい臓／大腸／小腸／肛門

だ液中の消化酵素 アミラーゼ ／ 胃液中の消化酵素 ペプシン ／ すい液中の消化酵素 ／ 小腸の壁の消化酵素

デンプン → ブドウ糖
タンパク質 → アミノ酸
胆汁
脂肪 → 脂肪酸 ／ モノグリセリド

※胆汁は，消化酵素をふくまないが，脂肪の消化を助けるはたらきがある。

● デンプンの消化…だ液中の消化酵素である アミラーゼ や，すい液中の消化酵素，小腸の壁の消化酵素のはたらきによって，最終的に ブドウ糖 に分解される。
● タンパク質の消化…胃液中の消化酵素である ペプシン や，すい液中の消化酵素であるトリプシンのはたらきによって，最終的に アミノ酸 に分解される。
● 脂肪の消化… 胆汁 のはたらきで水に混ざりやすい状態になり，すい液中の消化酵素である リパーゼ のはたらきによって，最終的に脂肪酸と モノグリセリド に分解される。

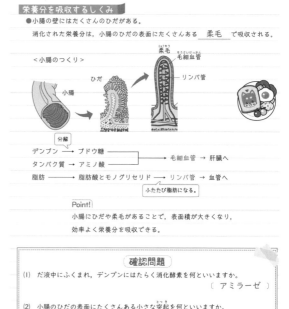

栄養分を吸収するしくみ

● 小腸の壁にはたくさんのひだがある。

消化された栄養分は，小腸のひだの表面にたくさんある 柔毛 で吸収される。

<小腸のつくり>
小腸／ひだ／柔毛／毛細血管／リンパ管

分解
デンプン → ブドウ糖 → 毛細血管 → 肝臓へ
タンパク質 → アミノ酸
脂肪 → 脂肪酸とモノグリセリド → リンパ管 → 血管へ
ふたたび脂肪になる。

Point!
小腸にひだや柔毛があることで，表面積が大きくなり，効率よく栄養分を吸収できる。

確認問題

(1) だ液中にふくまれ，デンプンにはたらく消化酵素を何といいますか。
〔 アミラーゼ 〕

(2) 小腸のひだの表面にたくさんある小さな突起を何といいますか。
〔 柔毛 〕

(3) 脂肪酸とモノグリセリドが(2)で吸収された後，ふたたび脂肪になって入る管を何といいますか。
〔 リンパ管 〕

4 酸素をとり入れるしくみ ………………………………… 34・35 ページの解答

肺のつくり

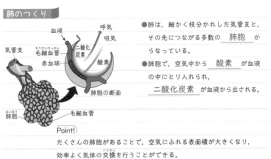

●肺は，細かく枝分かれした気管支と，その先につながる多数の 肺胞 からなっている。

●肺胞で，空気中から 酸素 が血液の中にとり入れられ，二酸化炭素 が血液から出される。

Point!
たくさんの肺胞があることで，空気にふれる表面積が大きくなり，効率よく気体の交換を行うことができる。

血液の成分

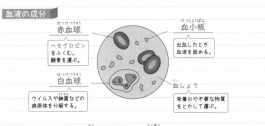

赤血球
ヘモグロビンをふくむ。酸素を運ぶ。

血小板
出血したとき血液を固める。

白血球
ウイルスや細菌などの病原体を分解する。

血しょう
栄養分や不要な物質をとかして運ぶ。

血しょうの一部は毛細血管の壁からしみ出して，細胞のまわりを満たしている。
この液を組織液という。
組織液は毛細血管と細胞の間で物質のやりとりのなかだちをする。

これも覚えよう
赤血球は円盤の形をしているが，白血球はいろいろな形をしている。

赤血球が酸素を運ぶしくみ

●赤血球にふくまれる ヘモグロビン には，
酸素の多いところでは酸素と結びつき，
酸素の少ないところでは酸素をはなす性質がある。
➡ この性質により，赤血球は酸素を運ぶことができる。

memo
ヘモグロビンは，酸素と結びつくとあざやかな赤色になる。

血液が赤色に見えるのは，赤血球にヘモグロビンがふくまれるからなんだ。

確認問題

(1) 肺のつくりで，気管支の先につながっている多数の袋状のものを何といいますか。〔 肺胞 〕

(2) 次の文の〔 〕にあてはまる語をそれぞれ書きなさい。
(1)で空気中から〔 酸素 〕が血液中にとり入れられ，〔 二酸化炭素 〕が血液から出される。

(3) 血液の液体成分で，栄養分や不要な物質をとかして運ぶはたらきをもつ成分を何といいますか。〔 血しょう 〕

(4) 血液の成分で，酸素を運ぶはたらきをもつ成分を何といいますか。〔 赤血球 〕

(5) (4)の成分にふくまれ，酸素の多いところでは酸素と結びつき，酸素の少ないところでは酸素をはなす性質をもつ物質を何といいますか。〔 ヘモグロビン 〕

---

5 物質を運ぶしくみ ………………………………… 36・37 ページの解答

血液の循環

肺
血液の流れ

■ 動脈血
（酸素を多くふくむ血液）
■ 静脈血
（二酸化炭素を多くふくむ血液）

肺動脈
肺循環
肺静脈

右心房　左心房
心臓
右心室　左心室
体循環

静脈　動脈

全身の細胞

自分の体の右にあるのが右心房や右心室だね。

● 肺循環 …心臓から送り出された血液が肺を通り，
ふたたび心臓にもどる血液の経路。

右心室 → 肺動脈 →肺→ 肺静脈 → 左心房

●体循環…心臓から送り出された血液が全身をめぐり，
ふたたび心臓にもどる血液の経路。

左心室 →動脈→全身の細胞→静脈→ 右心房

Point!
全身の細胞では，血液により運ばれてきた酸素や栄養分を使ってエネルギーをとり出している。
そのとき，二酸化炭素と水が発生する。

細胞呼吸だったね。

動脈と静脈

●心臓から送り出された血液が流れる血管を 動脈 という。
●心臓にもどる血液が流れる血管を 静脈 という。

memo
静脈の壁はうすく，ところどころに弁がある。

動脈血と静脈血

●酸素を多くふくむ血液を 動脈血 という。
●二酸化炭素を多くふくむ血液を 静脈血 という。

Point!
肺動脈には静脈血が流れ，肺静脈には動脈血が流れる。

排出のしくみ

●細胞の活動では，二酸化炭素と水以外に，有害なアンモニアができる。
●アンモニアは肝臓で無害な尿素に変えられ，腎臓へ運ばれて，尿中に排出される。

不要な物質を体外へ出すはたらきを排出というよ。

確認問題

(1) 心臓から送り出された血液が肺を通り，ふたたび心臓にもどる血液の経路を何といいますか。〔 肺循環 〕

(2) 心臓から送り出された血液が全身をめぐり，ふたたび心臓にもどる血液の経路を何といいますか。〔 体循環 〕

(3) 心臓から送り出された血液が流れる血管を何といいますか。〔 動脈 〕

(4) 心臓にもどる血液が流れる血管を何といいますか。〔 静脈 〕

(5) 酸素を多くふくむ血液を何といいますか。〔 動脈血 〕

確認問題

(1) 肺循環は，血液が，心臓から肺動脈を通って肺へ送られ，ふたたび肺から肺静脈を通って心臓にもどる血液の経路である。全身をめぐって受けとった二酸化炭素が肺で出され，酸素が肺からとり入れられる。　心臓と肺の間のやりとり。

(2) 体循環は，血液が，心臓から送り出されてから全身をめぐり，ふたたび心臓にもどる経路である。全身の細胞に酸素を運び，細胞から出た二酸化炭素を受けとる。　心臓と全身の間のやりとり。

(3) 動脈は，心臓から出た血液が通る血管。動脈の壁は静脈に比べて厚い。

(4) 静脈は，心臓にもどる血液が通る血管。静脈の壁は動脈に比べてうすく，ところどころに弁があり，血液の逆流を防いでいる。

(5) 肺から心臓へ向かう血液や，心臓から全身へ向かう血液は，酸素を多くふくむ動脈血である。これに対し，二酸化炭素を多くふくむ血液を静脈血という。

血液の循環と排出のまとめ

● 血液の循環
・肺循環

　心臓から送り出された血液が肺を通り，ふたたび心臓にもどる経路。

　右心室→肺動脈→肺→肺静脈→左心房

・体循環

　心臓から送り出された血液が全身をめぐり，ふたたび心臓にもどる経路。

　左心室→動脈→全身の細胞→静脈→右心房

● 血管と血液の種類

　・動脈：心臓から出された血液が通る血管。

　・静脈：心臓にもどる血液が通る血管。

　・動脈血：酸素を多くふくむ血液。

　・静脈血：二酸化炭素を多くふくむ血液。

● 排出のしくみ

　細胞の活動で，二酸化炭素，水，アンモニアができる。有害なアンモニアは肝臓で無害な尿素に変えられ，腎臓へ運ばれて尿中に出される。

第2章 生物の体のつくりとはたらき

6 光と音を感じとるしくみ ………………………… 38・39 ページの解答

感覚器官

●刺激を受けとる器官を　感覚器官　という。

感覚器官	受けとる刺激
目（視覚）	光
耳（聴覚）	音
鼻（嗅覚）	におい
舌（味覚）	味
皮膚など（触覚）	温度・痛み・圧力など

これも覚えよう

感覚器官には，光，音などの決まった刺激を受けとる感覚細胞がある。

目のつくりとはたらき

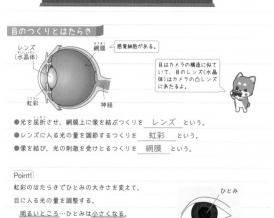

レンズ（水晶体）　網膜　感覚細胞がある。

目はカメラの構造に似ていて，目のレンズ（水晶体）はカメラの凸レンズにあたるよ。

虹彩　神経

●光を屈折させ，網膜上に像を結ぶつくりを　レンズ　という。
●レンズに入る光の量を調節するつくりを　虹彩　という。
●像を結び，光の刺激を受けとるつくりを　網膜　という。

Point!

虹彩のはたらきでひとみの大きさを変えて，目に入る光の量を調整する。

ひとみ

明るいところ…ひとみは小さくなる。

暗いところ　…ひとみは大きくなる。

耳のつくりとはたらき

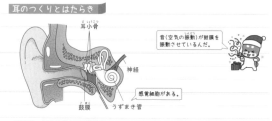

耳小骨

音（空気の振動）が鼓膜を振動させているんだ。

神経

感覚細胞がある。

鼓膜　うずまき管

●鼓膜…音をとらえて振動する。
● 耳小骨 …振動を大きくして，うずまき管に伝える。
● うずまき管 …中の液体を振動させ，音の刺激を受けとる。

Point!

感覚細胞が受けとった刺激は，信号に変えられ，神経（感覚神経）を通って脳などへ伝えられる。

確認問題

(1) 刺激を受けとる器官を何といいますか。　〔 感覚器官 〕

(2) 目のつくりで，像が結ばれて，光の刺激を受けとる部分を何といいますか。　〔 網膜 〕

(3) ひとみの大きさは，暗いところでは大きくなりますか，小さくなりますか。　〔 大きくなる。〕

(4) 耳のつくりで，音をとらえて振動する部分を何といいますか。　〔 鼓膜 〕

7 刺激と反応 ………………………………………… 40・41 ページの解答

神経系のしくみ

● 中枢 神経…脳、せきずいからなる神経。

● 末しょう 神経…感覚神経、運動神経などからなる神経。

意識して起こす反応

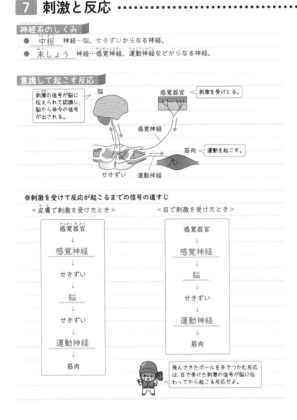

刺激の信号が脳に伝えられて認識し、脳から命令の信号が出される。

脳

感覚器官 ← 刺激を受けとる。

感覚神経

筋肉 ← 運動を起こす。

せきずい　運動神経

● 刺激を受けて反応が起こるまでの信号の道すじ

〈皮膚で刺激を受けたとき〉

```
感覚器官
  ↓
感覚神経
  ↓
せきずい
  ↓
  脳
  ↓
せきずい
  ↓
運動神経
  ↓
 筋肉
```

〈目で刺激を受けたとき〉

```
感覚器官
  ↓
感覚神経
  ↓
  脳
  ↓
せきずい
  ↓
運動神経
  ↓
 筋肉
```

飛んできたボールを手でつかむ反応は、目で受けた刺激の信号が脳に伝わってから起こる反応だよ。

無意識に起こる反応

● 反射…刺激に対して無意識に起こる反応。

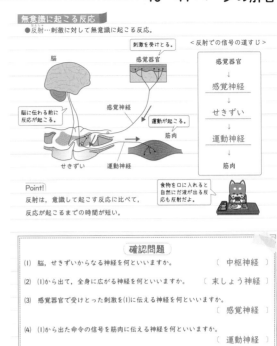

刺激を受けとる。

脳　　感覚器官

脳に伝わる前に反応が起こる。

感覚神経

運動が起こる。

筋肉

せきずい　運動神経

〈反射での信号の道すじ〉

```
感覚器官
  ↓
感覚神経
  ↓
せきずい
  ↓
運動神経
  ↓
 筋肉
```

Point!
反射は、意識して起こす反応に比べて、反応が起こるまでの時間が短い。

食物を口に入れると自然にだ液が出る反応も反射だよ。

確認問題

(1) 脳、せきずいからなる神経を何といいますか。　〔 中枢神経 〕

(2) (1)から出て、全身に広がる神経を何といいますか。　〔 末しょう神経 〕

(3) 感覚器官で受けとった刺激を(1)に伝える神経を何といいますか。
〔 感覚神経 〕

(4) (1)から出た命令の信号を筋肉に伝える神経を何といいますか。
〔 運動神経 〕

(5) 刺激に対して、無意識に起こる反応を何といいますか。　〔 反射 〕

---

8 運動のしくみ ………………………………………… 42・43 ページの解答

骨格と筋肉

● ヒトの体は多数の骨からできていて、この骨が複雑なしくみの 骨格 をつくっている。

・頭骨…脳を守る。

・背骨…体を支える。

・ろっ骨…肺の動きをつくり出す。

・骨盤…内臓を支える。

ヒトの体には約200個の骨があるよ。

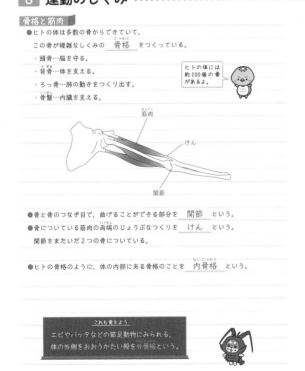

筋肉

けん

関節

● 骨と骨のつなぎ目で、曲げることができる部分を 関節 という。

● 骨についている筋肉の両端のじょうぶなつくりを けん という。関節をまたいだ2つの骨についている。

● ヒトの骨格のように、体の内部にある骨格のことを 内骨格 という。

これも覚えよう
エビやバッタなどの節足動物にみられる、体の外側をおおうかたい殻を外骨格という。

運動のしくみ

〈うでをのばすとき〉

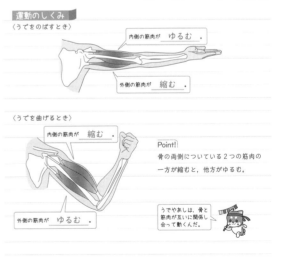

内側の筋肉が ゆるむ 。

外側の筋肉が 縮む 。

〈うでを曲げるとき〉

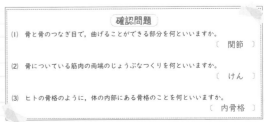

内側の筋肉が 縮む 。

Point!
骨の両側についている2つの筋肉の一方が縮むと、他方がゆるむ。

外側の筋肉が ゆるむ 。

うでやあしは、骨と筋肉が互いに関係し合って動くんだ。

確認問題

(1) 骨と骨のつなぎ目で、曲げることができる部分を何といいますか。
〔 関節 〕

(2) 骨についている筋肉の両端のじょうぶなつくりを何といいますか。
〔 けん 〕

(3) ヒトの骨格のように、体の内部にある骨格のことを何といいますか。
〔 内骨格 〕

大気圧と圧力

●圧力…物体が面を垂直におす単位面積（1 m² など）あたりの力。

単位は **パスカル**（記号 Pa）や
ニュートン毎平方メートル（記号 **N/m²**）。

Point! | 圧力〔Pa〕＝ $\dfrac{面を垂直におす力〔N〕}{力がはたらく面積〔m²〕}$

（例題）

右の図のような、質量350 g の物体をＡの面を下にして机の
上に置いたとき、物体が机をおす圧力は何 Pa ですか。ただし、
質量100 g の物体にはたらく重力の大きさを 1 N とします。

物体が机を垂直におす力は **3.5** Ｎ。

物体の力がはたらく面積は、0.07〔m〕× 0.05〔m〕＝ **0.0035** 〔m²〕なので、

$\dfrac{3.5〔N〕}{0.0035〔m²〕}$ ＝ **1000** 〔Pa〕

●空気にはたらく **重力** によってあらゆる方向から加わる圧力を　**大気圧**
（気圧）
という。単位は **ヘクトパスカル**（記号 **hPa**）。

●上空にいくほど大気の質量が小さくなるため、上空の大気圧は地表よりも **小さい**。

霧のでき方

●霧…地表付近で、空気にふくまれる **水蒸気** が冷やされてできたもの。

●霧は深夜から早朝など、**湿度が高く気温が低い**と発生しやすい。

雲のでき方

① 空気が熱せられるなどの原因で **上昇気流** が発生する。　┐上昇する空気の動き

② 上昇した空気は、まわりの気圧が低くなり、膨張して温度が **下がる**。

③ 水蒸気の一部が水滴や氷の粒になって、雲ができる。

Point! | 雲は上昇気流のあるところでできやすい。

〈上昇気流が発生する例〉

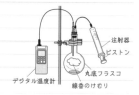

地面があたたまる
→空気もあたたまって上昇！

温度のちがう空気が
ぶつかって上昇！

空気が山の斜面に
ぶつかって上昇！

これも覚えよう

・下降気流…下降する空気の動き。

・下降した空気は、まわりの気圧が高くなり、温度が上がる。
　→下降気流があるところでは雲ができにくい。

【雲をつくる実験】

丸底フラスコの内部をぬるま湯でぬら
し、少量の線香のけむりを入れる。
装置につないだ注射器のピストンを引く
と、白いくもりができた。

➡フラスコ内の空気の体積が大きく
なって温度が下がり、フラスコ内の
水蒸気 が水滴に変わったため。

注射器
ピストン
デジタル温度計　丸底フラスコ
線香のけむり

雲の種類

雨や雪などが地表に降ることを **降水** という。積乱雲や乱層雲が降水をもたらす。

確認問題

(1) 重力が 300 N である物体が、15 m² の面を垂直におすときの圧力は何 Pa です
か。　$\dfrac{300〔N〕}{15〔m²〕}$ ＝ 20〔Pa〕　　　〔 **20** Pa〕

(2) 空気にはたらく重力によってあらゆる方向から加わる圧力を何といいますか。
　　　　　　　　　　　　　　　　　　　　〔 **大気圧**（気圧）〕

飽和水蒸気量

●凝結…空気中の水蒸気が水滴になること。

● **露点** …空気中の水蒸気が水滴になり始めるときの温度。

● **飽和水蒸気量** …空気 1 m³ 中にふくむことのできる水蒸気の最大量。
　　　　　　　　　単位はグラム毎立方メートル（記号 g/m³）。

水蒸気は気体、
水滴は液体だね。

気温と飽和水蒸気量の関係

飽和水蒸気量は、

気温が高いほど **大きく** なり、気温が低いほど **小さく** なる。

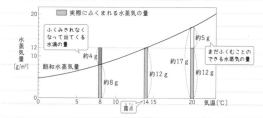

空気中に実際にふくまれる水蒸気の量が約12 g とすると、

〈気温が 20 ℃になったとき〉

飽和水蒸気量は、グラフより約 **17** g/m³ なので、

1 m³ あたり 17〔g〕－ 12〔g〕＝ 5〔g〕の **水蒸気** をまだふくむことができる。

〈気温が 14 ℃になったとき〉

飽和水蒸気量は、グラフより約 **12** g/m³。

飽和水蒸気量と実際にふくまれている水蒸気の量が **同じ なので、**

この空気の露点は **14** ℃である。

〈気温が 8 ℃になったとき〉

飽和水蒸気量は、グラフより約 **8** g/m³ なので、

1 m³ あたり 12〔g〕－ 8〔g〕＝ 4〔g〕が **水滴** として出る。

これも覚えよう

湿度〔%〕＝ $\dfrac{空気1m³にふくまれる水蒸気量〔g/m³〕}{その温度での飽和水蒸気量〔g/m³〕}$ ×100

湿度が低いと、乾燥した空気で
頭のお皿がかわいちゃうな…。

確認問題

右の図は、気温と飽和水蒸気量の関係を
グラフに表したものである。気温が 20 ℃
で 12.8 g/m³ の水蒸気をふくむ空気につ
いて、次の問いに答えなさい。

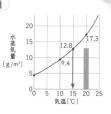

(1) この空気は、気温が 20 ℃のとき、
1 m³ あたりあと何 g の水蒸気をふくむ
ことができますか。
17.3〔g〕－ 12.8〔g〕＝ 4.5〔g〕
〔 **4.5** g〕

(2) この空気を冷やしていったとき、水滴ができ始める温度は何℃ですか。
〔 **15** ℃〕

(3) この空気を 10 ℃まで下げると、1 m³ あたり何 g の水滴が出てきますか。
12.8〔g〕－ 9.4〔g〕＝ 3.4〔g〕
〔 **3.4** g〕

確認問題

(1) 気温が20℃のときの飽和水蒸気量は，グラフより17.3 g/m³である。つまり，20℃では，1 m³あたり17.3 gまで空気中に水蒸気をふくむことができる。この空気の水蒸気量は20℃で12.8 g/m³なので，まだふくむことができる水蒸気の質量は，1 m³あたり

17.3〔g〕－12.8〔g〕＝4.5〔g〕 飽和水蒸気量－水蒸気量＝まだふくむことができる水蒸気量

(2) 水滴ができ始めるのは，空気中の水蒸気量が飽和水蒸気量と等しくなったときである。この空気がふくむ水蒸気量は12.8 g/m³なので，グラフより，15℃が水滴のでき始める温度である。 ◀……露点

(3) グラフより，10℃のときの飽和水蒸気量は9.4 g/m³なので，1 m³あたり9.4 gをこえた分は水滴となる。よって，出てくる水滴の量は，

1 m³あたり 12.8〔g〕－9.4〔g〕＝3.4〔g〕
水蒸気量－飽和水蒸気量＝水滴となる量

気温と飽和水蒸気量のまとめ

● 凝結

空気中の水蒸気が水滴となること。

● 露点

空気中の水蒸気が水滴になるときの温度。

● 飽和水蒸気量

空気1 m³中にふくむことができる水蒸気の最大量。単位は〔g/m³〕で表される。

● 気温と飽和水蒸気量の関係

飽和水蒸気量は，気温が高いほど大きく，気温が低いほど小さい。

● 露点と水蒸気量の関係

〈ある空気の気温が露点よりも高いとき〉

飽和水蒸気量まで，まだ水蒸気をふくむことができる。

〈ある空気の気温が露点と等しいとき〉

水蒸気量＝飽和水蒸気量

〈ある空気の気温が露点よりも低いとき〉

水蒸気量のうち，飽和水蒸気量をこえた分が水滴として出てくる。

第3章 地球の大気と天気の変化

3 地球をめぐる水，風がふくしくみ ………………………… 48・49ページの解答

地球をめぐる水

● 地球上の水は，氷（固体），水（液体），水蒸気（気体）と状態を変化させながら循環している。

● 水の循環は，太陽光（太陽）のエネルギーが大きく関係する。

・河川や海の水が太陽光のエネルギーであたためられて蒸発し，水蒸気となる。
↓
・水蒸気は上空で冷やされて雲となり，一部が雨や雪となって地表へ移動する。
↓
・地表に降った雨や雪は河川を通って海へ移動する。

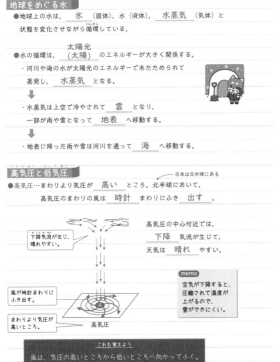

高気圧と低気圧

◀──日本は北半球にある

● 高気圧…まわりより気圧が高いところ。北半球において，高気圧のまわりの風は時計まわりにふき出す。

高気圧の中心付近では，下降気流が生じて，天気は晴れやすい。

下降気流が生じ，晴れやすい。

風が時計まわりにふき出す。

まわりより気圧が高いところ。── 高気圧

memo
空気が下降すると，圧縮されて温度が上がるので，雲ができにくい。

これも覚えよう
風は，気圧の高いところから低いところへ向かってふく。

● 低気圧…まわりより気圧が低いところ。北半球において，低気圧のまわりの風は反時計まわりにふきこむ。

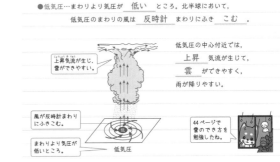

低気圧の中心付近では，上昇気流が生じて，雲ができやすく，雨が降りやすい。

上昇気流が生じ，雲ができやすい。

風が反時計まわりにふきこむ。

まわりより気圧が低いところ。── 低気圧

44ページで雲のでき方を勉強したね。

確認問題

(1) 水の循環に大きく関係しているのは何のエネルギーですか。
〔 太陽光（太陽） 〕

(2) 高気圧は，まわりよりも気圧が高いところですか，低いところですか。
〔 高いところ 〕

(3) 低気圧の中心付近では，風はどのようにふいていますか。あてはまるものに〇をつけなさい。
〔風は（時計・反時計）まわりにふき（出す・こむ）。〕

(4) 高気圧と低気圧のうち，下降気流が生じて晴れやすいのはどちらの中心付近ですか。
〔 高気圧 〕

4 大気のようす ･･･ 50・51 ページの解答

気団と前線

●気団…気温や湿度がほぼ等しい空気の大きなかたまり。

・暖気団…あたたかい空気のかたまり。

・寒気団…冷たい空気のかたまり。

● <u>前線面</u> …性質の異なる気団が接する境界面。

●前線…前線面が地表面と交わるところ。

前線の種類

●寒冷前線

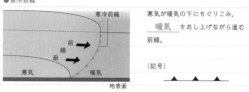

寒気が暖気の下にもぐりこみ，<u>暖気</u>をおし上げながら進む前線。

（記号）

●温暖前線

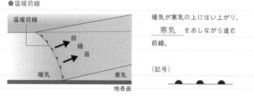

暖気が寒気の上にはい上がり，<u>寒気</u>をおしながら進む前線。

（記号）

●停滞前線…寒気と暖気の勢力がほぼ <u>同じ</u> で，ほとんど動かない前線。雨の多い天気となる。

・つゆの時期にできる停滞前線を <u>梅雨</u> 前線という。

・夏の終わりにできる停滞前線を <u>秋雨</u> 前線という。

（記号）

●閉そく前線… <u>寒冷</u> 前線が <u>温暖</u> 前線に追いついてできる前線。

（記号）

確認問題

(1) 性質の異なる気団が接する境界面を何といいますか。　〔 前線面 〕

(2) 暖気が寒気の上にはい上がり，寒気をおしながら進む前線のことを何といいますか。　〔 温暖前線 〕

(3) 寒冷前線の進み方を，次から1つ選びなさい。
ア　寒気が暖気の下にもぐりこみ，暖気をおし上げながら進む。
イ　暖気が寒気の上にはい上がり，寒気をおしながら進む。　〔 ア 〕

(4) 停滞前線を表す記号を，次から1つ選びなさい。
ア　　　　　　イ
ウ　　　　　　エ
　〔 ウ 〕

---

5 大気の動きによる天気の変化 ･･････････････････････････ 52・53 ページの解答

温暖前線

前線面の傾斜がゆるやかで広範囲にわたって雲ができる。

・前線が通過するとき
<u>広い</u> 範囲で <u>弱い</u> 雨が長時間降る。

・前線が通過した後
風向は <u>南</u> よりに変わり，気温が <u>上がる</u> 。

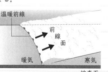

寒冷前線

前線面の傾斜が急でせまい範囲に雲ができる。

・前線が通過するとき
<u>せまい</u> 範囲で <u>強い</u> 雨が短時間降る。

・前線が通過した後
風向は <u>北</u> よりに変わり，気温が急激に <u>下がる</u> 。

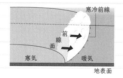

温帯低気圧と前線の関係

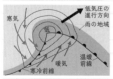

●中緯度帯で発生する前線をともなう低気圧を <u>温帯</u> 低気圧という。

●低気圧の進行方向は <u>温暖</u> 前線の進行方向と同じ。

●暖気は <u>温暖</u> 前線に向かって，寒気は <u>寒冷</u> 前線に向かって流れこむ。

●雨が降るのは，温暖前線の進行方向と，寒冷前線が通過した <u>後</u> 。

天気図の記号

○	◐	◎	●
快晴	晴れ	くもり	雨

memo
空全体に対する雲が占める割合を雲量といい，天気は雲量を観測することで決められる。

天気図の記号は，

天気…丸の中の記号　　風向…矢の向き　　風力…矢羽根の本数

で表される。

例　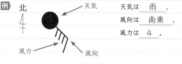　　天気は <u>雨</u> ，風向は <u>南東</u> ，風力は <u>4</u> 。

確認問題

(1) 温暖前線通過時の雨の降り方を，次から1つ選びなさい。
ア　せまい範囲で強い雨が短時間降る。
イ　広い範囲で弱い雨が長時間降る。　〔 イ 〕

(2) 温暖前線が通過すると，気温はどうなりますか。　〔 上がる。 〕

(3) 寒冷前線が通過すると，風向はどの向きに変わりますか。　〔 北より 〕

(4) 低気圧の進行方向は，温暖前線と寒冷前線のどちらの進行方向と同じですか。　〔 温暖前線 〕

(5) 右の，天気図の記号が表す天気は何ですか。
　〔 くもり 〕

確認問題

(1) 温暖前線は暖気が寒気の上にはい上がるようにして進む前線である。このため、<u>前線面の傾斜がゆるやかで、広い範囲にわたって雲ができる</u>。したがって、温暖前線付近では、広い範囲に弱い雨が長時間降る。
<small>乱層雲など</small>

(2) 温暖前線が通過すると、風向は南よりに変わり、気温が上がる。

(3) 寒冷前線は寒気が暖気をおし上げるようにして進む前線である。このため、<u>前線面の傾斜が急で、せまい範囲に雲ができる</u>。したがって、寒冷前線付近では、強い雨がせまい範囲に短時間降る。
<small>積乱雲など</small>

寒冷前線が通過すると、風向は北よりに変わり、気温は急激に下がる。

(4) 低気圧の進行方向は、温暖前線の進行方向とほぼ同じになる。暖気は温暖前線に向かって、寒気は寒冷前線に向かって流れこむ。
<small>寒冷前線が温暖前線を追いかけるように進む。</small>

前線と天気のまとめ

● **温暖前線**

暖気が寒気の上にはい上がるようにして進む前線。

前線面の傾斜がゆるやかで広い範囲にわたって雲ができ、<u>広い範囲に弱い雨が長時間降る</u>。

前線通過後は、<u>風向が南よりに変わり、気温は上がる</u>。

● **寒冷前線**

寒気が暖気をおし上げるようにして進む前線。

前線面の傾斜が急でせまい範囲に雲ができ、<u>せまい範囲に強い雨が短時間降る</u>。

前線通過後は、<u>風向が北よりに変わり、気温は急に下がる</u>。

● **天気図の記号**

丸の中の記号で天気、矢の向きで風向、矢羽根の本数で風力を表す。

雪	雷 <small>かみなり</small>	霧 <small>きり</small>	あられ
⊕	◑	⊙	△

第3章 地球の大気と天気の変化

⑥ 陸と海の間の大気の動き ……………………………………… 54・55 ページの解答

偏西風

日本の上空を一年中ふく西風を **偏西風** という。

この影響で、日本の天気は **西** から **東** へ変わる。

●地球規模の大気の動き

・低緯度地域（赤道付近）
上昇 気流が生じている。

・高緯度地域（北極、南極）
下降 気流が生じている。

・中緯度地域（日本など）
偏西風がふく。

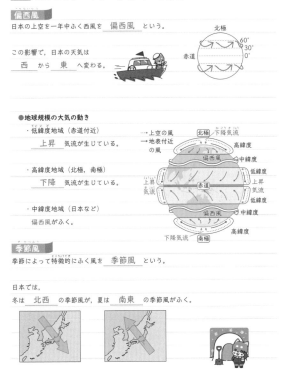

季節風

季節によって特徴的にふく風を **季節風** という。

日本では、
冬は **北西** の季節風が、夏は **南東** の季節風がふく。

日本付近の冬の季節風　日本付近の夏の季節風

海風と陸風

●昼に、海から陸に向かってふく風を **海風** という。

昼の温度は、海より陸のほうが高い。
↓
気圧は陸のほうが **低く** なる。
↓
風は **海** から **陸** へふく。

●夜に、陸から海に向かってふく風を **陸風** という。

夜の温度は、海より陸のほうが低い。
↓
気圧は、陸のほうが **高く** なる。
↓
風は **陸** から **海** へふく。

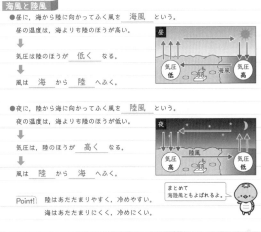

まとめて海陸風ともよばれるよ。

Point! 陸はあたたまりやすく、冷めやすい。
海はあたたまりにくく、冷めにくい。

確認問題

(1) 日本の上空を一年中ふく西風を何といいますか。〔 偏西風 〕

(2) 季節によって特徴的にふく風を何といいますか。〔 季節風 〕

(3) 日本付近で、北西の季節風がふく季節はいつですか。〔 冬 〕

(4) 昼に、海から陸に向かってふく風を何といいますか。〔 海風 〕

(5) 海岸付近で、夜に気圧が高いのは海と陸のどちらですか。〔 陸 〕

7 日本の天気 ·· 56・57 ページの解答

日本付近の気団

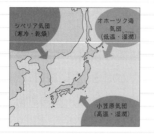

●シベリア気団

…冷たく乾燥した気団。

<u>冬</u> の季節に発達。

●小笠原気団

…あたたかく湿った気団。

<u>夏</u> の季節に発達。

● <u>オホーツク海</u> 気団

…冷たく湿った気団。

Point!

大陸の気団は乾燥していて，海洋の気団は湿っている。

北にある気団は冷たく，南にある気団はあたたかいね。

日本の四季

●冬の天気

西の大陸上で <u>高</u> 気圧が発達し，東の太平洋上で <u>低</u> 気圧が発達。

➡ <u>西高東低</u> の気圧配置。

<u>北西</u> の季節風がふき，日本海側は雪，太平洋側は晴れやすい。

●夏の天気

小笠原高気圧（太平洋高気圧）におおわれ，南に <u>高</u> 気圧，北に <u>低</u> 気圧が見られる。

➡ <u>南高北低</u> の気圧配置。

<u>南東</u> の季節風がふき，蒸し暑く晴れやすい。

●春・秋の天気

偏西風の影響で，移動性高気圧と低気圧が交互に <u>西</u> から東へ移動。

➡ 天気は周期的に変わりやすい。

●梅雨（つゆ）の天気

オホーツク海気団と小笠原気団の勢力がつり合い， <u>停滞</u> 前線（梅雨前線）ができる。

➡ 長期間 <u>雨</u> の多い天気となる。

これも覚えよう

熱帯地方で発生した低気圧（熱帯低気圧）のうち，最大風速が 17.2 m/s 以上になったものを台風という。台風の中心付近では強い風がふき，大量の雨をもたらす。

確認問題

(1) 冬に大陸で発達し，冷たく乾燥した気団を何といいますか。

〔 シベリア気団 〕

(2) 夏に太平洋上で発達し，あたたかく湿った気団を何といいますか。

〔 小笠原気団 〕

(3) 西高東低の気圧配置となる季節はいつですか。

〔 冬 〕

(4) 夏には，小笠原高気圧におおわれることで，蒸し暑く，どのような天気になることが多いですか。

〔 晴れ 〕

(5) 停滞前線が長くとどまり，長雨となる時期はいつですか。

〔 梅雨
（つゆ） 〕

---

1 回路と電流 ·· 58・59 ページの解答

回路

電流が流れる道すじを回路という。

●枝分かれしていなくて，電流の流れる道すじが1本だけの回路を <u>直列</u> 回路という。

電流とは，電気の流れのことだね。

●枝分かれしていて，電流の流れる道すじが2本以上ある回路を <u>並列</u> 回路という。

memo

電流は，電源（電池）の＋極から出て－極へ入る向きに流れる。

電気用図記号

電源（電池）	スイッチ	電球	電流計	抵抗	電圧計
─┤├─ (－極)(＋極)	/	⊗	Ⓐ	▭	Ⓥ

Point!

電源（電池）を表す電気用図記号は，長いほうが＋極，短いほうが－極。

●電気用図記号を用いて回路全体を表した図を <u>回路図</u> という。

・直列回路

回路図を完成させよう

・並列回路

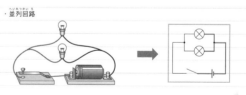

確認問題

(1) 電流の流れる道すじが1本だけの回路を何といいますか。

〔 直列回路 〕

(2) 枝分かれしていて，電流の流れる道すじが2本以上ある回路を何といいますか。

〔 並列回路 〕

(3) 電気用図記号を用いて，回路全体を表した図を何といいますか。

〔 回路図 〕

(4) 次の電気用図記号は，それぞれ何を表しますか。

〔 電球 〕　　　〔 電源
（電池） 〕

2 回路を流れる電流 ……………………………… 60・61 ページの解答

電流計の使い方

- ●回路を流れる電流は電流計ではかる。

  電流の単位はアンペア（記号 A）やミリアンペア（記号 mA）が使われる。
- ●電流計は回路に　直列　につなぐ。
- ●電源の＋極側の導線は　＋　端子に，－極側の導線は　－　端子の

  いずれか 1 つにつなぐ。

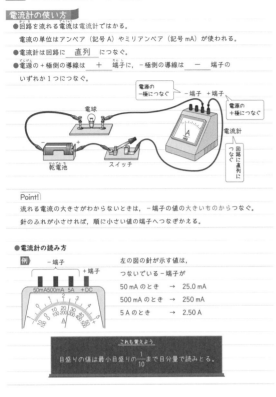

Point!

流れる電流の大きさがわからないときは，－端子の値の大きいものからつなぐ。

針のふれが小さければ，順に小さい値の端子へつなぎかえる。

●電流計の読み方

例

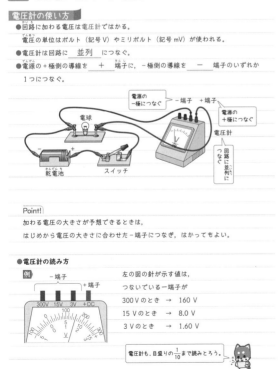

左の図の針が示す値は，

つないでいる－端子が

50 mA のとき	→ 25.0 mA
500 mA のとき	→ 250 mA
5 A のとき	→ 2.50 A

これも覚えよう

目盛りの値は最小目盛りの$\frac{1}{10}$まで目分量で読みとる。

直列回路と並列回路の電流（I：電流）

- ●直列回路の電流の大きさ

  回路を流れる電流（I_1, I_2, I_3）の大きさは，どこも　等しい　。

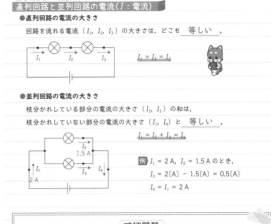

$$I_1 = I_2 = I_3$$

- ●並列回路の電流の大きさ

  枝分かれしている部分の電流の大きさ（I_2, I_3）の和は，

  枝分かれしていない部分の電流の大きさ（I_1, I_4）と　等しい　。

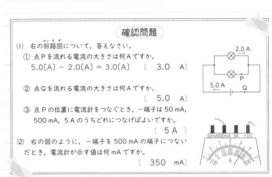

$$I_1 = I_2 + I_3 = I_4$$

例　$I_1 = 2\,A$, $I_2 = 1.5\,A$ のとき，

$I_3 = 2[A] - 1.5[A] = 0.5[A]$

$I_4 = I_1 = 2\,A$

確認問題

(1) 右の回路図について，答えなさい。

① 点Pを流れる電流の大きさは何Aですか。

$5.0[A] - 2.0[A] = 3.0[A]$　〔　3.0　A 〕

② 点Qを流れる電流の大きさは何Aですか。

〔　5.0　A 〕

③ 点Pの位置に電流計をつなぐとき，－端子は 50 mA，

500 mA，5 A のうちどれにつなげばよいですか。

〔　5 A 〕

(2) 右の図のように，－端子を 500 mA の端子につない

だとき，電流計が示す値は何 mA ですか。

〔　350　mA 〕

---

3 回路に加わる電圧 ……………………………… 62・63 ページの解答

電圧計の使い方

- ●回路に加わる電圧は電圧計ではかる。

  電圧の単位はボルト（記号 V）やミリボルト（記号 mV）が使われる。
- ●電圧計は回路に　並列　につなぐ。
- ●電源の＋極側の導線を　＋　端子に，－極側の導線を　－　端子のいずれか

  1 つにつなぐ。

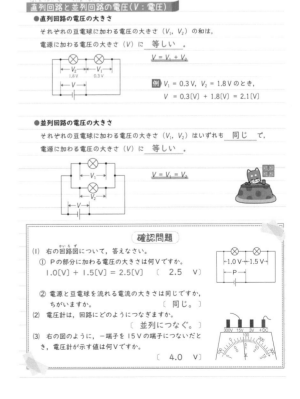

Point!

加わる電圧の大きさが予想できるときは，

はじめから電圧の大きさに合わせた－端子につなぎ，はかってもよい。

●電圧計の読み方

例

左の図の針が示す値は，

つないでいる－端子が

300 V のとき	→ 160 V
15 V のとき	→ 8.0 V
3 V のとき	→ 1.60 V

電圧計も，目盛りの$\frac{1}{10}$まで読みとろう。

直列回路と並列回路の電圧（V：電圧）

- ●直列回路の電圧の大きさ

  それぞれの豆電球に加わる電圧の大きさ（V_1, V_2）の和は，

  電源に加わる電圧の大きさ（V）に　等しい　。

$$V = V_1 + V_2$$

例　$V_1 = 0.3\,V$, $V_2 = 1.8\,V$ のとき，

$V = 0.3[V] + 1.8[V] = 2.1[V]$

- ●並列回路の電圧の大きさ

  それぞれの豆電球に加わる電圧の大きさ（V_1, V_2）はいずれも　同じ　で，

  電源に加わる電圧の大きさ（V）に　等しい　。

$$V = V_1 = V_2$$

確認問題

(1) 右の回路図について，答えなさい。

① Pの部分に加わる電圧の大きさは何Vですか。

$1.0[V] + 1.5[V] = 2.5[V]$　〔　2.5　V 〕

② 電源と豆電球を流れる電流の大きさは同じですか，

ちがいますか。　　　　　　　　〔　同じ。　〕

(2) 電圧計は，回路にどのようにつなぎますか。

〔　並列につなぐ。　〕

(3) 右の図のように，－端子を 15 V の端子につないだと

き，電圧計が示す値は何Vですか。

〔　4.0　V 〕

オームの法則

●電熱線を流れる電流の大きさは，電熱線の両端に加わる電圧の大きさに比例 する。この関係を オーム の法則という。

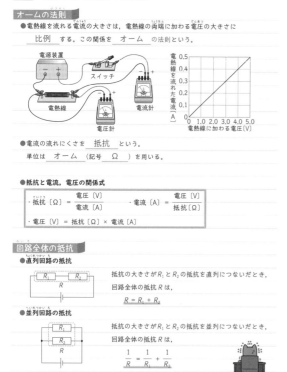

●電流の流れにくさを 抵抗 という。

単位は オーム （記号 Ω ）を用いる。

●抵抗と電流，電圧の関係式

・抵抗〔Ω〕= $\dfrac{電圧〔V〕}{電流〔A〕}$　・電流〔A〕= $\dfrac{電圧〔V〕}{抵抗〔Ω〕}$

・電圧〔V〕= 抵抗〔Ω〕× 電流〔A〕

回路全体の抵抗

●直列回路の抵抗

抵抗の大きさがR_1とR_2の抵抗を直列につないだとき，回路全体の抵抗Rは，

$$R = R_1 + R_2$$

●並列回路の抵抗

抵抗の大きさがR_1とR_2の抵抗を並列につないだとき，回路全体の抵抗Rは，

$$\dfrac{1}{R} = \dfrac{1}{R_1} + \dfrac{1}{R_2}$$

（例題1）15 Vの電圧を加えたとき，3Aの電流が流れる電熱線の抵抗の大きさは何Ωですか。

抵抗〔Ω〕= $\dfrac{電圧〔V〕}{電流〔A〕}$ より，

抵抗 = $\dfrac{15〔V〕}{3〔A〕}$ = 5 〔Ω〕

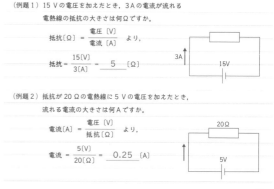

（例題2）抵抗が20Ωの電熱線に5Vの電圧を加えたとき，流れる電流の大きさは何Aですか。

電流〔A〕= $\dfrac{電圧〔V〕}{抵抗〔Ω〕}$ より，

電流 = $\dfrac{5〔V〕}{20〔Ω〕}$ = 0.25 〔A〕

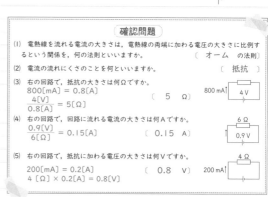

確認問題

(1) 電熱線を流れる電流の大きさは，電熱線の両端に加わる電圧の大きさに比例するという関係を，何の法則といいますか。　〔 オーム の法則〕

(2) 電流の流れにくさのことを何といいますか。　　〔 抵抗 〕

(3) 右の回路で，抵抗の大きさは何Ωですか。
800〔mA〕= 0.8〔A〕
$\dfrac{4〔V〕}{0.8〔A〕}$ = 5〔Ω〕　　〔 5 〕

(4) 右の回路で，回路に流れる電流の大きさは何Aですか。
$\dfrac{0.9〔V〕}{6〔Ω〕}$ = 0.15〔A〕　〔 0.15 A〕

(5) 右の回路で，抵抗に加わる電圧の大きさは何Vですか。
200〔mA〕= 0.2〔A〕
4〔Ω〕× 0.2〔A〕= 0.8〔V〕　　〔 0.8 V〕

解説 ◀ 第4章 **4** 電圧と電流の関係

確認問題

(1) 電圧V，電流I，抵抗Rの関係は，

$V = RI$ と表される。

(2) 抵抗の値が大きいほど電流が流れにくく，抵抗の値が小さいほど電流が流れやすい。

(3) 電流の大きさは 800〔mA〕= 0.8〔A〕，電圧の大きさは4Vであるから，
（単位は〔A〕や〔V〕にしてから計算する。）

抵抗〔Ω〕= $\dfrac{電圧〔V〕}{電流〔A〕}$ より，$\dfrac{4〔V〕}{0.8〔A〕}$ = 5〔Ω〕

(4) 電圧の大きさは0.9V，抵抗の大きさは6Ωであるから，

式を変形
電流〔A〕= $\dfrac{電圧〔V〕}{抵抗〔Ω〕}$ より，$\dfrac{0.9〔V〕}{6〔Ω〕}$ = 0.15〔A〕

(5) 電流の大きさは200〔mA〕= 0.2〔A〕，抵抗の大きさは4Ωであるから，

式を変形
電圧〔V〕= 抵抗〔Ω〕× 電流〔A〕 より，
4〔Ω〕× 0.2〔A〕= 0.8〔V〕

電流と電圧，抵抗のまとめ

●オームの法則

電熱線を流れる電流の大きさは，電熱線の両端に加わる電圧の大きさに比例する。

●抵抗

電流の流れにくさ。

単位はオーム〔Ω〕で表される。

●抵抗と電流，電圧の関係式

$$抵抗〔Ω〕= \dfrac{電圧〔V〕}{電流〔A〕}$$

電圧や電流の値を求めるときは，この式を変形すればよい。

●直列回路の抵抗

抵抗の大きさがR_1とR_2の抵抗を直列につないだとき，回路全体の抵抗Rは，

$R = R_1 + R_2$

●並列回路の抵抗

抵抗の大きさがR_1とR_2の抵抗を並列につないだとき，回路全体の抵抗Rは，$\dfrac{1}{R} = \dfrac{1}{R_1} + \dfrac{1}{R_2}$

5 電力と熱量 ・・・・・・・・・・・・・・・・・・・・・・・・・・・・・・ 66・67 ページの解答

電気エネルギーと電力

●電気がもついろいろなはたらきをする能力を電気エネルギーという。

●電気器具の能力を表す量で，

1秒あたりに消費する電気エネルギーの大きさを　電力　という。

単位は　ワット　（記号　W　）。

●電力と電圧，電流の関係式

電力は，電圧と電流の大きさに　比例　する。

電力〔W〕＝電圧〔V〕× 電流〔A〕

熱量

●電熱線に電流を流したときに電熱線から発生する熱など，

物質に出入りする熱の量を　熱量　という。

\すごい熱量！/

単位は　ジュール　（記号　J　）。

【電流による発熱の実験】

図のような装置で電熱線に一定の電圧を加え，
水の温度を1分ごとに測定した。

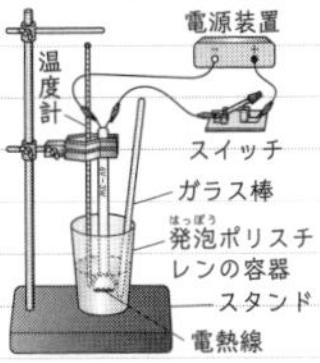

時間〔分〕	0	1	2	3
水温〔℃〕	21.4	22.0	22.6	23.2
上昇温度〔℃〕	0	0.6	1.2	1.8

温度計
電源装置
スイッチ
ガラス棒
発泡ポリスチレンの容器
スタンド
電熱線

【結果】

・水の上昇温度は，時間に　比例　する。

・発生した熱量が大きいほど，水の上昇温度は　大きく　なる。

●熱量と電力，時間の関係式

時間の単位は「秒」だね！

熱量〔J〕＝電力〔W〕× 時間〔s〕

Point!

熱量は，電力と電流を流した時間に比例する。

（例題）ある電熱線に6Vの電圧を加え，0.5Aの電流を1分間流した。

① 電熱線が消費した電力は何Wですか。

電力〔W〕＝電圧〔V〕× 電流〔A〕より，

6〔V〕× 0.5〔A〕＝　3　〔W〕

② 電熱線から発生した熱量は何Jですか。

熱量〔J〕＝電力〔W〕× 時間〔s〕より，

3〔W〕× 60〔s〕＝　180　〔J〕

これも覚えよう

電気を使うときに消費した電気エネルギーの総量を
電力量という。

電力量〔J〕＝電力〔W〕× 時間〔s〕

確認問題

右の図のような装置をつくり，抵抗が2Ωの
電熱線に4Vの電圧を加えて，1分ごとに水の
温度をはかった。次の問いに答えなさい。

電源装置
スイッチ
発泡スチレンの板
温度計
水
発泡ポリスチレンのカップ
電圧計
電熱線
電流計

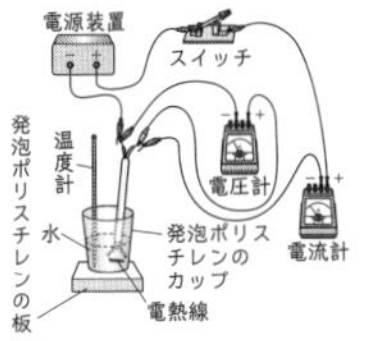

(1) 電熱線に流れる電流は何Aですか。

$\frac{4〔V〕}{2〔Ω〕}$ ＝ 2〔A〕　〔 2 A 〕

(2) 電熱線が消費した電力は何Wですか。

4〔V〕× 2〔A〕＝ 8〔W〕　〔 8 W 〕

(3) 電熱線に3分間電流を流したとき，電熱線から発生した熱量は何Jですか。

8〔W〕×（3×60）〔s〕＝ 1440〔J〕　〔 1440 J 〕

(4) 同じ時間あたりの水の上昇温度を大きくするには，電熱線から発生する熱量を
どうすればよいですか。　〔 大きくする。 〕

---

6 静電気と放電 ・・・・・・・・・・・・・・・・・・・・・・・・・・・・・ 68・69 ページの解答

静電気

●2種類の物質をこすり合わせることで生じる電気を　静電気　という。

一方の物体が＋の電気を，もう一方の物体が　ー　の電気を帯びる。

●放電…電気が空間を移動したり，たまっていた電気が流れ出したりする現象。

●電気の力（電気力）…電気の間にはたらく力。

同じ種類の電気の間には，　しりぞけ合う　力がはたらく。

ちがう種類の電気の間には，　引き合う　力がはたらく。

これも覚えよう
電気の力は離れていてもはたらく。

静電気の実験

【実験】

① 図1のように，ストローAが軽く回転できる
装置をつくる。

② 図1のストローAの先を，ティッシュペーパー
でこする。

③ 図2のように，別のストローBの先を，ティッシュペーパーでこする。

図1
ストローA
虫ピン
消しゴム
切ったストロー

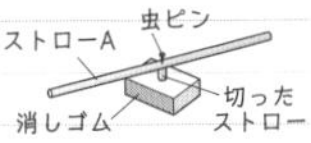

図2
ストローB
ティッシュペーパー

Point!

ストローは－の電気を，

ティッシュペーパーは＋の電気を帯びる。

【結果】

・ストローBをストローAに近づけたとき：

AがBから離れるように動く。

遠ざかった
ストローA
ストローB

➡ AとBの間に

　しりぞけ合う　力がはたらいている。

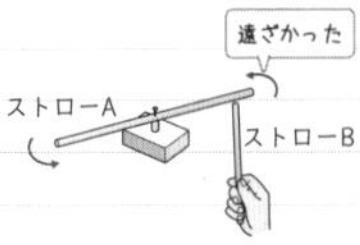

・ティッシュペーパーをストローAに近づけたとき：

Aがティッシュペーパーに近づくように動く。

近づいた
ストローA
ティッシュペーパー

➡ Aとティッシュペーパーの間に

　引き合う　力がはたらいている。

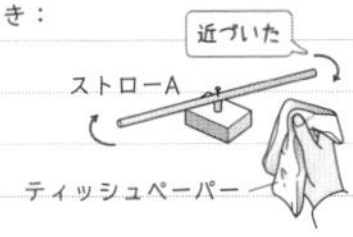

memo
ストローの代わりにポリ塩化ビニルの棒をティッシュ
ペーパーでこすっても，同じ現象が見られる。

確認問題

(1) 2種類の物質をこすり合わせると生じるものは何ですか。　〔 静電気 〕

(2) 電気が空間を移動したり，たまっていた電気が流れ出したりする現象を何とい
いますか。　〔 放電 〕

(3) 毛皮でこすったストローとポリ塩化ビニルの棒を近づけると，離れるように動
いた。次の問いに答えなさい。

① ストローとポリ塩化ビニルにたまった電気の種類は，同じですか，ちがいま
すか。　〔 同じ。 〕

② ストローとポリ塩化ビニルの間にはたらく力は何ですか。

〔 電気の力（電気力） 〕

7 静電気と電流の関係 ・・・・・・・・・・・・・・・・・・・・・・・・・ 70・71 ページの解答

真空放電

●気圧を低くした空間を　電流　が流れる現象を　真空放電　という。

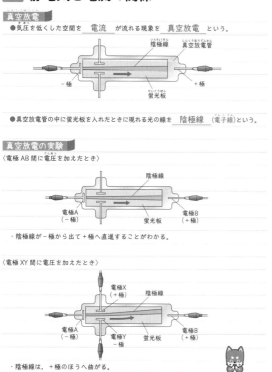

●真空放電管の中に蛍光板を入れたときに現れる光の線を　陰極線　（電子線）という。

真空放電の実験

〈電極 AB 間に電圧を加えたとき〉

・陰極線が−極から出て＋極へ直進することがわかる。

〈電極 XY 間に電圧を加えたとき〉

・陰極線は，＋極のほうへ曲がる。

➡ 陰極線は　　−　　の電気を帯びたものの流れである。

●−の電気を帯びた，質量をもつ小さな粒子を　電子　という。
　　−極から出て，　＋　極へ向かって直進する。

●陰極線のもととなる粒子は電子である。

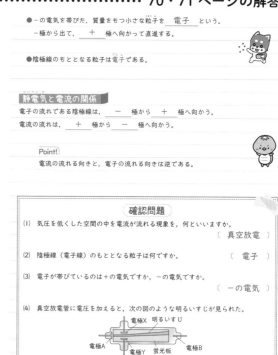

静電気と電流の関係

電子の流れである陰極線は，　−　極から　＋　極へ向かう。
電流の流れは，　＋　極から　−　極へ向かう。

Point!
電流の流れる向きと，電子の流れる向きは逆である。

確認問題

(1) 気圧を低くした空間の中を電流が流れる現象を，何といいますか。
〔　真空放電　〕

(2) 陰極線（電子線）のもととなる粒子は何ですか。　〔　電子　〕

(3) 電子が帯びているのは＋の電気ですか，−の電気ですか。
〔　−の電気　〕

(4) 真空放電管に電圧を加えると，次の図のような明るいすじが見られた。

① −極は，電極Aか電極Bのどちらですか。　〔　電極A　〕
② −極は，電極Xか電極Yのどちらですか。　〔　電極Y　〕

---

8 電流の正体・放射線 ・・・・・・・・・・・・・・・・・・・・・・・ 72・73 ページの解答

電流の正体

●電流の正体は　電子　の流れである。
　　電流の流れる向きは，電子の移動の向きと　逆　である。

〈回路に電流が流れていないとき〉
電子は導体の内部を自由に動き回っている。

〈回路に電流が流れているとき〉
電子は　−　の電気をもっているので，電子は
　−　極から　＋　極の向きへ移動する。

放射線

●X線，α線，β線，γ線などをまとめて
　　放射線　という。

memo
X線は，ドイツの科学者レントゲンに
よって発見された。

●放射線の性質
　・目に見え　ない　。
　・物質を透過する（通り抜ける）性質が　ある　ので，
　　医療，農業，工業などさまざまな分野で利用されている。
　・物質の透過力は，放射線の種類や量により異なっている。

体にX線を照射して
異常の診断をする検
査をレントゲン検査
というよね。

これも覚えよう
物質を透過する力は，
α線＜β線＜γ線，X線　の順に大きい。

●ウラン，ポロニウム，ラジウムなどの放射線を出す物質を　放射性物質　という。

●放射線を出す能力を　放射能　という。
　ある量以上の放射線を受けると，
　健康な細胞が　傷つく　ことが
　あるので注意が必要。

温泉などの自然に
あるものから微量
の放射線が出され
ることもあるよ。

memo
生物が放射線を体にあびる
ことを被曝という。

放射線はしっかり管理
する必要があるんだね。

確認問題

(1) 電流の正体は，何の流れですか。　〔　電子　〕

(2) 電子は＋極と−極のどちらに引き寄せられますか。　〔　＋極　〕

(3) ドイツの科学者レントゲンにより，最初に発見された放射線を何といいますか。
〔　X線　〕

(4) 放射線の性質について，正しいものを次から1つ選びなさい。
　ア　目には見えず，物質を透過する能力をもたない。
　イ　目には見えず，物質を透過する能力をもつ。
　ウ　目で見ることができ，物質を透過する能力をもつ。
〔　イ　〕

(5) 放射線を出す能力のことを何といいますか。
〔　放射能　〕

磁石の性質

●磁石にはN極と ＿S＿ 極がある。

同じ極どうしを近づけると，反発し合う。

異なる極どうしを近づけると， ＿引き合う＿ 。

磁界

●磁力…磁石による力。

> 磁界のことを
> 磁場ともいうね。

● ＿磁界＿ …磁力のはたらく空間。

●磁界の向き…磁石のまわりに置いた，方位磁針の ＿N＿ 極が指す向き。

● ＿磁力線＿ …磁石のN極から出てS極へ向かう，磁界の向きを示す線。

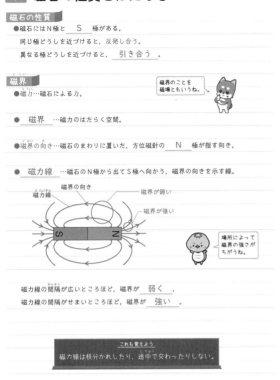

> 場所によって
> 磁界の強さが
> ちがうね。

磁力線の間隔が広いところほど，磁界が ＿弱く＿ ，

磁力線の間隔がせまいところほど，磁界が ＿強い＿ 。

> **これも覚えよう**
> 磁力線は枝分かれしたり，途中で交わったりしない。

（例題）

右の図は，磁石のまわりの磁力線を表している。

① 図の磁力線の向きは，AとBのどちらですか。

磁力線はN極からS極へ向かうので， ＿A＿ 。

② 図のPの位置に方位磁針を置いたとき，

方位磁針のようすとして正しいものを次から1つ選びなさい。

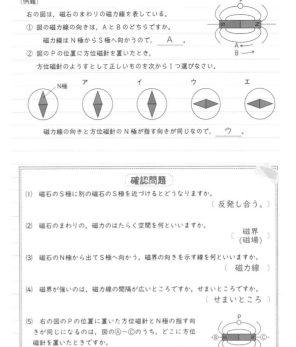

磁力線の向きと方位磁針のN極が指す向きが同じなので， ＿ウ＿ 。

> **確認問題**
>
> (1) 磁石のS極に別の磁石のS極を近づけるとどうなりますか。
> 〔 反発し合う。 〕
>
> (2) 磁石のまわりの，磁力のはたらく空間を何といいますか。
> 〔 磁界 (磁場) 〕
>
> (3) 磁石のN極から出てS極へ向かう，磁界の向きを示す線を何といいますか。
> 〔 磁力線 〕
>
> (4) 磁界が強いのは，磁力線の間隔が広いところですか，せまいところですか。
> 〔 せまいところ 〕
>
> (5) 右の図のPの位置に置いた方位磁針とN極の指す向きが同じになるのは，図のⒶ～Ⓒのうち，どこに方位磁針を置いたときですか。
> 〔 Ⓐ 〕

解説 第4章 9 磁石の性質とはたらき

確認問題

(1) 磁石のN極にN極を近づけたり，S極にS極を近づけたりすると，反発し合う。また，異なる極どうしを近づけると引き合う。

(2) 磁力がはたらく空間を磁界という。磁界の中に方位磁針を置いたとき，N極の指す向きが磁界の向きとなる。

(3) 磁力線は，磁界のようすを示す線である。磁石のまわりで，N極から出てS極へ向かう線として表される。

(4) 磁界の強いところは磁力線の間隔がせまく，磁界の弱いところは磁力線の間隔が広い。N極やS極の近くは磁界が強い。

(5) 磁界の向きは，N極から出てS極に入る向きである。それぞれの磁力線について，N極からS極の向きに矢印をかくと，Pの位置に置いた方位磁針のN極はⒶの位置に置いた場合と同様に，左向きを示す。ⒷとⒸに置いた方位磁針のN極は，右向きを示す。

磁界のまとめ

●磁石の性質

磁石にはN極とS極がある。

・同じ極どうしを近づけると，反発し合う。

・異なる極どうしを近づけると，引き合う。

●磁力

磁石による力。 磁力は，磁石から離れたところにもはたらく。

●磁界

磁力のはたらく空間。磁場ともいう。

●磁界の向き

磁界の中で，方位磁針のN極が指す向き。

●磁力線

磁界のようすを示す線。

磁石のN極から出てS極

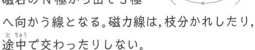

へ向かう線となる。磁力線は，枝分かれしたり，途中で交わったりしない。

●磁力線の間隔と磁界の強さ

・磁力線の間隔が広いほど，磁界は弱い。

・磁力線の間隔がせまいほど，磁界は強い。

電流がつくる磁界

磁界は，磁石のまわりのほかに，

導線やコイルなどの ＿電流＿ が流れているもののまわりにもつくられる。

●導線を流れる電流がつくる磁界

〈ねじを回す向きで例えるとき〉

ねじの先端を，電流の進む向きに合わせる。

・ねじの進む向きが ＿電流＿ の流れる向き

・ねじを回す向きが導線のまわりの ＿磁界＿ の向き

・となる。

〈右手で例えるとき〉

右手の親指の向きを，電流の進む向きに合わせる。

・右手の親指の向きが ＿電流＿ の流れる向き

・他の4本の指を曲げた向きが ＿磁界＿ の向き

・となる。

●コイルに流れる電流がつくる磁界

右手の親指以外の4本の指を，コイルを流れる電流の向きに合わせる。

・右手の親指の向きが ＿磁界＿ の向き

・他の4本の指を曲げた向きが ＿電流＿ の流れる向き

となる。

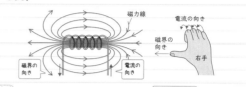

Point!

親指以外の4本の指の向きが，

コイルを巻いた状態を表す。

手首から指先に向かって電流が流れるイメージだね。

確認問題

(1) 導線のまわりに方位磁針を置き，電流を流すと，方位磁針の針の向きが次の図のようになった。次の問いに答えなさい。

① 電流の流れる向きは，ア，イのどちらですか。 〔 イ 〕

② 磁界の向きは，a，bのどちらですか。 〔 a 〕

(2) コイルのまわりに方位磁針を置き，電流を流すと，方位磁針の針の向きが次の図のようになった。次の問いに答えなさい。

① 電流の流れる向きは，ア，イのどちらですか。 〔 ア 〕

② 磁界の向きは，a，bのどちらですか。 〔 a 〕

電流が磁界から受ける力

【実験】

① 右の図のような装置をつくり，コイルに矢印 → の向きに電流を流すと，コイルは矢印 → の力の向きに動いた。

② 電流の向きを逆にすると，力の向きは ＿逆＿ 向きになった。

③ 磁界の向きを逆にすると，力の向きは ＿逆＿ 向きになった。

④ 電流の大きさを大きくすると，導線が受ける力の大きさは ＿大きく＿ なった。

●モーターのしくみ

コイルを流れる電流が磁界から力を受けて動くしくみを利用し，

コイルが連続して回転する装置が ＿モーター＿ である。

電磁誘導と誘導電流

【実験】

① 右の図のような装置で，N極を下向きにしてコイルに近づけると，電流は矢印 → の向きに流れる。

② N極を下向きにしてコイルから遠ざけると，電流は①と逆向きに流れる。

③ S極を下向きにしてコイルに近づけると，電流は①と逆向きに流れる。

④ S極を下向きにしてコイルから遠ざけると，電流は①と同じ向きに流れる。

●コイルの磁石を出し入れしたとき，

コイルの中の磁界が変化してコイルに電流が流れる現象を ＿電磁誘導＿ という。

●電磁誘導によって生じる電流を ＿誘導電流＿ という。

●発電機のしくみ

コイルに磁石を近づけたり遠ざけたりすると，電磁誘導によりコイルに ＿誘導電流＿ が流れる。このしくみを利用して電気エネルギーをとり出す装置が ＿発電機＿ である。

確認問題

(1) 右の図のような装置で，導線に流れる電流の向きを変えたとき，力の向きは同じになりますか，逆向きになりますか。

〔 逆向きになる。 〕

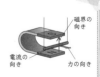

(2) 右上の図のような装置で，磁石の極を入れかえたとき，力の向きは同じになりますか，逆向きになりますか。

〔 逆向きになる。 〕

(3) 右上の図のような装置で，電流の大きさを小さくしたとき，力の大きさはどうなりますか。

〔 小さくなる。 〕

数研出版の中学教材
ラインアップ

日常学習の基礎固め
とにかく基礎

中 1・中 2・中 3 数学
中 1・中 2・中 3 英語
中 1・中 2・中 3 理科
中学地理　中学歴史　中学国語

とにかく基礎
中 1・2 の総まとめ

数学　英語　理科　社会

日常学習から入試対策まで
チャート式中学

数学　1 年・2 年・3 年
英語　1 年・2 年・3 年
理科　1 年・2 年・3 年
地理　歴史　公民　国語

チャート式
中学準拠ドリル

数学　1 年・2 年・3 年
英語　1 年・2 年・3 年
理科　1 年・2 年・3 年
地理　歴史　国語

15558

数研出版
https://www.chart.co.jp

ISBN978-4-410-15558-1

C6037 ¥1000E

9784410155581

とにかく基礎ノート中2理科
定価 1100円
（本体1000円＋税）

1926037010005

とにかく 基礎を身につける！

まとめノート × ICT コンテンツ

定期テスト対策の第1歩

とにかく基礎 定期テスト準備ノート　ラインアップ

中1／中2数学　　▶ 解説動画

中1／中2英語　　🔊 音声データ

中1／中2理科　　▶ 解説動画

本書は植物油インキを
使用しています。